AN INTEGRATED COURSE IN
ELEMENTARY JAPANESE **GENKI**

SECOND EDITION

げんき
〔第2版〕
II
ワークブック
WORKBOOK

Eri Banno　坂野永理

Yoko Ikeda　池田庸子

Yutaka Ohno　大野裕

Chikako Shinagawa　品川恭子

Kyoko Tokashiki　渡嘉敷恭子

The Japan Times

付属ディスクについて
付属のディスクには、MP3 形式のデジタル音声ファイルが収録されています。
コンピューターやデジタルオーディオ機器で再生してください。
CD プレーヤーでは再生できませんので、ご注意ください。

Note on the accompanying disk
The disk that comes with this book contains digital audio files in MP3 format.
The files can be played on computers or digital audio players, but not on CD players.

First edition: February 2000
Second edition: October 2011
6th printing: November 2012

Illustrations: Noriko Udagawa
English translations and copyreading: 4M Associates, Inc., and Umes Corp.
Narrators: Miho Nagahori, Yumiko Muro, Tomoki Kusumi, Tsuyoshi Yokoyama,
          and Kit Pancoast Nagamura
Recordings: TBS Service, Inc.
Typesetting: guild
Cover art and editorial design: Nakayama Design Office
                    Gin-o Nakayama and Akihito Kaneko
Printing: Tosho Printing Co., Ltd.

Published by The Japan Times, Ltd.
5-4, Shibaura 4-chome, Minato-ku, Tokyo 108-0023, Japan
Phone: 03-3453-2013
Website: http://bookclub.japantimes.co.jp/
Genki-Online: http://genki.japantimes.co.jp/

ISBN978-4-7890-1444-1

Printed in Japan

本書について

　このワークブックはテキスト『初級日本語 げんき』の補助教材です。今回『げんき』を改訂するにあたり、テキストの改訂内容に合わせてワークブックも加筆修正を行いました。そして、従来からあった文法練習、聞く練習、漢字の練習に加えて、「答えましょう」を各課に追加しました。この練習には、その課の学習項目を使って自由に答える質問が載っており、会話練習や復習として使えます。また、「聞く練習」の音声をMP3ファイルにして本書に添付し、より使いやすくしました。

　本書の「会話・文法編」には、テキストで導入された各文法項目につき1ページのワークシートがあります。ワークシートでは既習の文法項目や語彙も復習しながら学習項目の定着を図ることができます。

　各文法項目を学習した後は、「聞く練習」と「答えましょう」で総合的な練習を行うことができます。「聞く練習」には1課につき、会話文を中心として3つまたは4つの問題が収録してあります。

　「読み書き編」は、漢字の練習シート（Kanji Practice）と漢字の穴埋め問題（Using Kanji）で構成されています。漢字の導入後、書き方を覚えるまで、この漢字練習シートを使って何度も書いてみましょう。まず、漢字のバランスを意識して薄く書かれている文字をなぞってから、右側の空欄に何度も書いて練習します。筆順はテキストの漢字表を参考にしてください。

　穴埋め問題は、文の中に漢字や熟語が意味のあるものとして含まれていますから、必ず文全体を読んでから解答してください。

　テキストとこのワークブックを併用することで、より効率よく初級日本語を学ぶことができるでしょう。

About This Book

This workbook is designed as a supplement for the textbook *GENKI: An Integrated Course in Elementary Japanese*. Revisions made in the second edition have required additions and other changes to the workbook to bring it into conformity with the new text. In addition to the grammar, listening and kanji drills that were a part of the old workbook, we've added a Questions section to each chapter, which allows students to create answers freely, using what they have learned in that chapter. Finally, the addition of MP3 format audio aids to the Listening Comprehension sections has made the workbook easier to use.

The Conversation and Grammar section in this book contains a worksheet for each grammar point introduced in the textbook. In addition to providing practice on new material, the worksheets also help students to reinforce their understanding of grammatical topics and vocabulary encountered in earlier lessons.

After studying each new grammatical idea, students are given the opportunity to review the material comprehensively through the Listening Comprehension and Questions sections. The Listening Comprehension section for each lesson features three or four tasks that involve listening to dialogues and other recorded material.

The Reading and Writing section consists of kanji worksheets (Kanji Practice) and fill-in-the-blank questions about the kanji (Using Kanji). Newly introduced kanji should be written over and over on the sheet until memorized. First, trace the lightly printed kanji samples, paying attention to the balance of the characters. Then practice by copying the kanji over and over again in the blank spaces to the right. For stroke order, please refer to the kanji chart in the textbook.

For the fill-in-the-blank questions, students should read the entire sentence before filling in the blanks in order to learn kanji in context.

By using this workbook in tandem with the textbook, students will learn elementary Japanese with greater efficiency.

げんき②ワークブック　もくじ

読み書き編

会話・文法編
かい　わ　ぶん　ぽう　へん
Conversation and Grammar Section

第13課 1 Potential Verbs—1

Ⅰ Fill in the chart.

dictionary form	te-form	potential	potential negative
Ex. ねる	ねて	ねられる	ねられない
1. あそぶ			
2. およぐ			
3. のむ			
4. やめる			
5. もってくる			
6. まつ			
7. うたう			
8. つくる			
9. きく			
10. する			
11. くる			
12. かえす			
13. かえる			

Ⅱ Write two things you can/cannot do and two things you were able/unable to do in childhood.

1. Things you can do:

a.

b.

2. Things you cannot do:

a.

b.

3. Things you were able to do in childhood:

a.

b.

4. Things you were unable to do in childhood:

a.

b.

第13課 2 Potential Verbs—2

Ⓘ Read the first half of the sentences and fill in the blanks with the potential verbs. Determine whether you should use the affirmative or the negative.

1. 中国に住んでいたので、中国語が_____。
   (speak)

2. 水がこわいので、_____。
   (swim)

3. いろいろなこと (thing) に興味があるので、専攻が_____。
   (decide)

4. かぜをひいているので、あした学校に_____。
   (go)

5. おなかがすいているので、たくさん_____。
   (eat)

6. 宿題がたくさんあるので、今日は_____。
   (go out)

ⒾⒾ Translate the following sentences.

1. What kind of songs can you sing?

2. Where can I buy cheap clothes?

3. I was not able to sleep at all last night.

4. I was unable to eat a green pepper（ピーマン）when I was a child, but I can eat it now.

5. I am glad because I was able to become a lawyer.

第13課 3 ～し

(I) Complete the sentences, using ～し.

1. _____、_____、起きたくないです。
   　　　(it is cold)　　　　　　　　(sleepy)　　　　　お

2. _____、_____、田中さんは人気があります。
   　　　(smart)　　　　　　　(can play the guitar)　　た なか　　にん き

3. _____、_____、今日は忙しいです。
   　　(I have a test tomorrow)　　(I have to meet the teacher)　きょう　いそが

4. _____、_____、山田さんがきらいです。
   　　(often tells a lie)　　　(doesn't keep a promise)　　やま だ

5. _____、_____、今幸せです。
   　(I was able to enter the university)　(I have many friends)　いましあわ

(II) Answer the questions and add reasons with ～し.

Example:　Q：日本語の授業が好きですか。
　　　　　　　　に ほん ご　じゅぎょう　す
　　　　　　A：いいえ、好きじゃないです。先生は厳しいし、宿題はたくさん
　　　　　　　　　　　　　す　　　　　　せんせい　きび　　　　　しゅくだい
　　　　　　　あるし。

1. Q：将来、日本で働きたいですか。
　　　　しょうらい　に ほん　はたら

　　A：_____

2. Q：あなたの町が好きですか。
　　　　　　　　まち　す

　　A：_____

3. Q：夏と冬とどちらが好きですか。
　　　　なつ　ふゆ　　　　　　す

　　A：_____

4. Q：今どこに行きたいですか。
　　　　いま　　　い

　　A：_____

第13課 4 〜そうです

Ⅰ Describe the pictures with 〜そうです.

Example:　このケーキは甘<small>あま</small>そうです。

1.

2.

3.

4.

5.

Ⅱ Rephrase the sentences as in the example, using the same pictures.

Example:　甘<small>あま</small>そうなケーキですね。

1.

2.

3.

4.

5.

Ex. cake

sweet

1. teacher

kind

2.

interesting

3. child

energetic

4. ring（ゆびわ）

expensive

5.

not smart

第13課 5 ～てみる

Ⓘ Reply to A, using ～てみます.

1. A：あの映画は感動しました。
   <ruby>映画<rt>えいが</rt></ruby> <ruby>感動<rt>かんどう</rt></ruby>

   B：じゃあ、_____。

2. A：あの空手の先生は教えるのがとても上手ですよ。
   <ruby>空手<rt>からて</rt></ruby> <ruby>先生<rt>せんせい</rt></ruby> <ruby>教<rt>おし</rt></ruby> <ruby>上手<rt>じょうず</rt></ruby>

   B：じゃあ、_____。

3. A：この本はよかったですよ。
   <ruby>本<rt>ほん</rt></ruby>

   B：じゃあ、_____。

4. A：韓国の料理は辛くて、とてもおいしいですよ。
   <ruby>韓国<rt>かんこく</rt></ruby> <ruby>料理<rt>りょうり</rt></ruby> <ruby>辛<rt>から</rt></ruby>

   B：じゃあ、_____。

Ⓘⓘ Write three places you have never been to and things you want to try there, using ～てみたい.

Example:　モンゴル (Mongolia) に<ruby>行<rt>い</rt></ruby>ってみたいです。そこで<ruby>馬<rt>うま</rt></ruby> (horse) に<ruby>乗<rt>の</rt></ruby>って
みたいです。

1.

2.

3.

第13課　6　なら

Ⅰ）Using なら, answer the questions according to the given cues.

Example:　Q：土曜日はひまですか。　（× 土曜日　○ 日曜日）

　　　　　　A：日曜日ならひまですが、土曜日はひまじゃないです。

1. Q：肉をよく食べますか。　（× 肉　○ 魚）

　　A：＿＿＿＿＿＿＿＿＿＿＿＿＿＿＿＿＿＿＿＿＿＿＿＿＿＿＿＿

2. Q：バイクが買いたいですか。　（× バイク　○ 車）

　　A：＿＿＿＿＿＿＿＿＿＿＿＿＿＿＿＿＿＿＿＿＿＿＿＿＿＿＿＿

3. Q：猫を飼ったことがありますか。　（× 猫　○ 犬）

　　A：＿＿＿＿＿＿＿＿＿＿＿＿＿＿＿＿＿＿＿＿＿＿＿＿＿＿＿＿

Ⅱ）Answer the questions, using なら.

Example:　Q：外国に行ったことがありますか。

　　　　　　A：韓国なら行ったことがあります。

1. Q：外国に行ったことがありますか。

　　A：＿＿＿＿＿＿＿＿＿＿＿＿＿＿＿＿＿＿＿＿＿＿＿＿＿＿＿＿

2. Q：スポーツができますか。

　　A：＿＿＿＿＿＿＿＿＿＿＿＿＿＿＿＿＿＿＿＿＿＿＿＿＿＿＿＿

3. Q：料理が作れますか。

　　A：＿＿＿＿＿＿＿＿＿＿＿＿＿＿＿＿＿＿＿＿＿＿＿＿＿＿＿＿

4. Q：お金が貸せますか。

　　A：＿＿＿＿＿＿＿＿＿＿＿＿＿＿＿＿＿＿＿＿＿＿＿＿＿＿＿＿

第13課 7 一週間に三回
いっしゅうかん　さんかい

Ⅰ Translate the following sentences.

1. Mary listens to a Japanese CD one hour a day.

2. John goes to a supermarket once a week.

3. Michiko goes shopping twice a month.

4. Ken goes abroad once a year.

Ⅱ Write how often/long you do the following activities. If you are not certain, use ぐらい.

Example:　watch TV　→　一日に一時間ぐらいテレビを見ます。
いちにち　いちじかん　　　　　　　　み

1. call your mother　→

2. brush your teeth　→

3. sleep　→

4. cut your hair　→

5. do physical exercises　→

6. catch a cold　→

第13課 8 聞く練習 (Listening Comprehension)
き　れんしゅう

Ⓐ Listen to the job interviews between a company personnel interviewer and job applicants. Write answers in Japanese or circle the appropriate ones. 🔊 W13-A

	どんな外国語が がいこくご できますか	車の運転が くるま　うんてん できますか	何曜日に行けますか なんようび　い
中山 なかやま		はい・いいえ	月　火　水　木　金　土　日 げつ　か　すい　もく　きん　ど　にち
村野 むらの		はい・いいえ	月　火　水　木　金　土　日 げつ　か　すい　もく　きん　ど　にち

Ⓑ Ken is talking to Kyoko and Robert. Mark ○ if the statement is true, and mark × if it is not. 🔊 W13-B

a. (　　　) Ken asked Kyoko and Robert to take his place at his part-time job.

b. (　　　) Kyoko can't help Ken because she is busy.

c. (　　　) Kyoko is not good at English.

d. (　　　) Ken's younger sister is coming tomorrow.

e. (　　　) Robert is busy tomorrow.

f. (　　　) Robert will call Ken if he can cancel the appointment.

g. (　　　) Robert knows somebody who may be interested in teaching.

Ⓒ Two people are shopping online. 🔊 W13-C

＊スイス (Switzerland)　スポーツクラブ (sports club)

1. What are their first impressions on each item?

　a. 時計は＿＿＿＿＿＿＿＿＿＿＿＿＿＿そうです。
　　とけい

　b. セーターは＿＿＿＿＿＿＿＿＿＿＿＿＿＿＿＿＿＿。

　c. フィットネスマシン (fitness machine) は＿＿＿＿＿＿＿＿＿＿＿＿＿＿＿＿＿。

2. 女の人は時計を買いますか。どうしてですか。
　おんな　ひと　とけい　か

3. 男の人はセーターを買いますか。どうしてですか。
　おとこ　ひと　　　　　　　か

4. 女の人はフィットネスマシンを買いますか。どうしてですか。
　おんな　ひと　　　　　　　　　　　　　　　　か

第13課 9 答えましょう
こた

(I) 日本語で答えてください。(Answer the questions in Japanese.)
にほんご　こた

1. 料理をするのが好きですか。どんな料理が作れますか。
りょうり　　　　　　す　　　　　　　　りょうり　つく

2. 子供の時、どんな食べ物が食べられませんでしたか。
こども　とき　　　　　た　もの　た

3. 今、忙しいですか。(Answer with 〜し.)
いま　いそが

4. 子供の時、何がしてみたかったですか。
こども　とき　なに

5. 日本で何をしてみたいですか。
にほん　なに

6. 一週間に何日、日本語の授業がありますか。
いっしゅうかん　なんにち　にほんご　じゅぎょう

(II) 日本語で書いてください。
にほんご　か
Write about your current part-time job or a former part-time job.

1. どんな仕事ですか／でしたか。
しごと

2. 一時間にいくらもらいますか／もらいましたか。
いちじかん

3. 一週間に何日アルバイトをしていますか／していましたか。
いっしゅうかん　なんにち

第14課　1　ほしい

(I) Write whether or not you want the following.

1. ぬいぐるみ

2. 休み
    やす

3. お金持ちの友だち
    かね も　　　 とも

(II) Write whether or not you wanted the following when you were a child.

1. 大きい犬
    おお　　いぬ

2. 楽器
    がっ き

3. 辞書
    じ しょ

(III) Answer the following questions.

1. 子供の時、何が一番ほしかったですか。今もそれがほしいですか。
    こ ども　とき　なに　いちばん　　　　　　　　　　　　いま

2. 今、何が一番ほしいですか。どうしてですか。
    いま　なに　いちばん

3. 時間とお金とどちらがほしいですか。どうしてですか。
    じ かん　　 かね

第14課 2 〜かもしれません

(I) Complete the sentences, using 〜かもしれません.

1. たけしさんは_____。
(stingy)

2. メアリーさんは_____。
(not interested in Kabuki)

3. みちこさんは子供の時、_____。
(didn't play with stuffed animals)

4. けんさんは_____。
(eat four times a day)

5. たけしさんは_____。
(proposed marriage to Mary)

(II) Read each situation and make a guess.

Example:　みちこさんはいつもジョンさんを見ています。
→　Your guess: みちこさんはジョンさんが好きかもしれません。

1. まさおさんはいつもさびしそうです。

→　Your guess: _____

2. ようこさんはいつも家にいません。

→　Your guess: _____

3. 今日スーさんはうれしそうです。

→　Your guess: _____

4. けさロバートさんはとても眠そうでした。

→　Your guess: _____

第14課 ③ あげる/くれる/もらう

Ⅰ The pictures below indicate who gave what to whom. Describe them using あげる／くれる／もらう.

Picture A

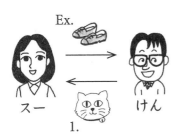

Example:

(give)　　スーさんはけんさんにくつをあげました。

(receive) けんさんはスーさんにくつをもらいました。

1. (give)　＿＿＿＿＿＿＿＿＿＿＿＿＿＿＿＿＿＿＿＿

(receive)　＿＿＿＿＿＿＿＿＿＿＿＿＿＿＿＿＿＿＿＿

Picture B

2. ＿＿＿＿＿＿＿＿＿＿＿＿＿＿＿＿＿＿＿＿＿＿

3. (give)　＿＿＿＿＿＿＿＿＿＿＿＿＿＿＿＿＿＿＿＿

(receive)　＿＿＿＿＿＿＿＿＿＿＿＿＿＿＿＿＿＿＿＿

Picture C

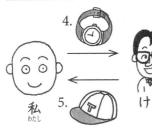

4. ＿＿＿＿＿＿＿＿＿＿＿＿＿＿＿＿＿＿＿＿＿＿

5. (give)　＿＿＿＿＿＿＿＿＿＿＿＿＿＿＿＿＿＿＿＿

(receive)　＿＿＿＿＿＿＿＿＿＿＿＿＿＿＿＿＿＿＿＿

Ⅱ Answer the following questions.

1. 誕生日に何をもらいましたか。だれにもらいましたか。

2. 友だちの誕生日に何をあげるつもりですか。どうしてですか。

第14課 4 ～たらどうですか

(I) Complete the dialogues, using ～たらどうですか.

1. A：日本の会社で仕事がしたいんです。
   _{にほん　かいしゃ　しごと}

   B：＿＿＿＿＿＿＿＿＿＿＿＿＿＿＿＿＿＿＿＿＿＿＿＿＿＿＿＿。
   　　　　　　　　　(send a resume to the company)

2. A：友だちがいないんです。
   _{とも}

   B：＿＿＿＿＿＿＿＿＿＿＿＿＿＿＿＿＿＿＿＿＿＿＿＿＿＿＿＿。
   　　　　　　　　　(go to a party)

3. A：疲れているんです。
   _{つか}

   B：＿＿＿＿＿＿＿＿＿＿＿＿＿＿＿＿＿＿＿＿＿＿＿＿＿＿＿＿。
   　　　　　　　　　(go to bed early)

4. A：テストの成績が悪かったんです。
   _{せいせき　　わる}

   B：＿＿＿＿＿＿＿＿＿＿＿＿＿＿＿＿＿＿＿＿＿＿＿＿＿＿＿＿。
   　　　　　　　　　(consult with the teacher)

5. A：財布をなくしたんです。
   _{さいふ}

   B：＿＿＿＿＿＿＿＿＿＿＿＿＿＿＿＿＿＿＿＿＿＿＿＿＿＿＿＿。
   　　　　　　　　　(go to the police [警察])
   　　　　　　　　　　　　　　　　_{けいさつ}

(II) Make a dialogue according to the cues.

A：1.＿＿＿＿＿＿＿＿＿＿＿＿＿＿＿＿＿＿＿＿＿＿＿＿＿＿＿＿。
　　　　　　　　(What's wrong?)

B：2.＿＿＿＿＿＿＿＿＿＿＿＿＿＿＿＿＿＿＿＿＿＿＿＿＿＿＿＿。
　　　　　　　confessing the problem

A：3.＿＿＿＿＿＿＿＿＿＿＿＿＿＿＿＿＿＿＿＿＿＿＿＿＿＿＿＿。
　　　　　　　　giving advice

B：4.＿＿＿＿＿＿＿＿＿＿＿＿＿＿＿＿＿＿＿＿＿＿＿＿＿＿＿＿。
　　　　　　(I will do so. Thank you.)

第14課 5 Number＋も/Number＋しか＋Negative

Ⅰ Translate the following sentences. If you think the number is large, use も. If you think the number is small, use しか.

1. Kim has seven cars.

2. John read three books last year.

3. Mary has three part-time jobs.

4. John slept five hours yesterday.

5. Takeshi has six cats.

6. Michiko has two DVDs.

7. Ken has one friend.

Ⅱ Answer the following questions. Use "number ＋ も" or "number ＋ しか" if necessary.

1. きのう何時間テレビを見ましたか。

2. 今、財布の中にいくらありますか。

3. ジーンズを何本持っていますか。

第14課 6 聞く練習 (Listening Comprehension)
(き)(れんしゅう)

Ⓐ Listen to the dialogue carefully and draw arrows to indicate how the ticket was passed around. 🔊 W14-A

(も　り) ⟶ (すずき)

(よしだ)　　　　　　(たなか)

Ⓑ Takako helps international students with their problems at a Japanese school. Listen to the dialogues and answer the questions. 🔊 W14-B　＊ディズニー (Disney)

Questions:　(a) 留学生は何がしたいと言っていましたか。
りゅうがくせい　なに　　　　　い
　　　　　　　　(b) たかこさんはどんなアドバイスをしましたか。

1. (a) 留学生は_____と言っていました。
りゅうがくせい　　　　　　　　　　　　　　　　　　　　　　　　　　　い

　(b) たかこさんのアドバイス：_____どうですか。

2. (a) 留学生は_____と言っていました。
りゅうがくせい　　　　　　　　　　　　　　　　　　　　　　　　　　　い

　(b) たかこさんのアドバイス：_____どうですか。

3. (a) 留学生は_____と言っていました。
りゅうがくせい　　　　　　　　　　　　　　　　　　　　　　　　　　　い

　(b) たかこさんのアドバイス：_____どうですか。

Ⓒ Michiko's younger brother's birthday is coming soon. Listen to the conversation between Michiko and her younger brother, Ichiro. 🔊 W14-C

1. Write ◯ for the ones Ichiro wants, and ✕ for the ones he doesn't want.

　a. (　　) 自転車　　　　c. (　　) 本　　　　e. (　　) 服
　　　　　　じてんしゃ　　　　　　　　ほん　　　　　　　　　　ふく
　b. (　　) 時計　　　　　d. (　　) まんが
　　　　　　とけい

2. みちこさんは一郎さんに何をあげるつもりですか。
　　　　　　　　いちろう　　　なに

第14課 7 答えましょう
こた

Ⅰ 日本語で答えてください。
にほんご　こた

1. 最近 (recently)、だれに何をもらいましたか。
さいきん　　　　　　　　なに

2. 今までのプレゼントの中で、一番高いプレゼントは何ですか。
いま　　　　　　　　なか　　いちばんたか　　　　　　　　なん
だれがくれましたか。

3. 家族の誕生日に何をあげるつもりですか。どうしてですか。
かぞく　たんじょうび　なに

4. 今度の誕生日に何がほしいですか。どうしてですか。
こんど　　たんじょうび　なに

5. クレジットカードを何枚持っていますか。(You may use 〜しか or 〜も.)
なんまい も

Ⅱ 日本語で書いてください。
にほんご　か
Write about your life ten years later, using 〜と思います and 〜かもしれません.
おも

第15課 1 Volitional Form—1

Ⅰ Fill in the chart below.

dictionary form	potential form	volitional form
Ex. まつ	まてる	まとう
1. およぐ		
2. よむ		
3. やめる		
4. みがく		
5. うる		
6. すてる		
7. くる		
8. つきあう		
9. そつぎょうする		

Ⅱ Complete the dialogue using the volitional forms.

A：1. _____。
　　　　　　　(Let's eat at a restaurant tonight.)

B：いいね。2. _____。
　　　　　　　(Let's make a reservation, shall we?)

A：そうだね。3. _____。
　　　　　　　(Let's invite Michiko, too.)

B：いいよ。4. _____。
　　　　　　　(How shall we go [there]?)

A：5. _____。
　　　　　　　(Let's go [there] by taxi.)

第15課 2 Volitional Form—2

Ⅰ Read the first half of the sentences carefully. Then, choose what you are going to do from the list and complete the sentences, using the volitional ＋ と思っています.

新しい服を買う　　両親にお金を借りる　　練習する あたら　ふく　か　　りょうしん　かね　か　　れんしゅう 熱いお風呂に入って早く寝る　　保険に入る　　花を送る あつ　　ふろ　はい　はや　ね　　　ほ けん　はい　　はな　おく

1. 将来病気になるかもしれないので、_____。
   しょうらいびょう き

2. お金がないので、_____。
   かね

3. 一日中運動して疲れたので、_____。
   いちにちじゅううんどう　　つか

4. 友だちの結婚式に出るので、_____。
   とも　　　けっこんしき　て

5. 母の日に_____。
   はは　ひ

6. 自転車に乗れないので、_____。
   じてんしゃ　の

Ⅱ Complete the dialogue, using the volitional ＋ と思っています.
   おも

きょうこ：1._____。

(What do you intend to do next holiday?)

ジョン：　2._____ので、3._____。

きょうこ：いいですね。

ジョン：　きょうこさんは？

きょうこ：4._____。

ジョン：　そうですか。

第**15**課 3 ～ておく

Ⓘ Read the first half of the sentences carefully. Then choose from the list what you will do in preparation and complete the sentences, using ～ておきます.

| withdraw money | reserve an inn | look for a nice restaurant |
| practice new songs | check the time of the train | |

1. 来週、北海道を旅行するので、_____。
   らいしゅう　ほっかいどう　りょこう

2. 電車で東京に行くので、_____。
   でんしゃ　とうきょう　い

3. 今度の週末、友だちとカラオケに行くので、_____。
   こんど　しゅうまつ　とも　　　　　　　　　　　い

4. 週末デートをするので、_____。
   しゅうまつ

5. 買い物に行くので、_____。
   か　もの　い

Ⓘⓘ Answer the following questions.

1. 来週、地震があるかもしれません。何をしておきますか。
   らいしゅう　じしん　　　　　　　　　　　　　　なに

2. 来週、テストがあります。何をしておきますか。
   らいしゅう　　　　　　　　　　　なに

3. 今度の休みに富士山 (Mt. Fuji) に登ります。何をしておかなければいけませんか。
   こんど　やす　　ふじさん　　　　　　　のぼ　　　　なに

第15課 4 Using Sentences to Qualify Nouns—1

(I) Make sentences using the cues.

Ex.

友<ruby>友<rt>とも</rt></ruby>だちは書<ruby>か</ruby>きました。

1.

私<ruby>わたし</ruby>は毎日使<ruby>まいにちつか</ruby>います。

2.

私<ruby>わたし</ruby>は友<ruby>とも</ruby>だちに借<ruby>か</ruby>りました。

3.

父<ruby>ちち</ruby>は私<ruby>わたし</ruby>にくれました。

4.

友<ruby>とも</ruby>だちは住<ruby>す</ruby>んでいます。

5.

兄<ruby>あに</ruby>は予約<ruby>よやく</ruby>しました。

Ex. これは___友だちが書いた___手紙です。
　　　　　とも　　か　　てがみ

1. これは_____パソコンです。

2. これは_____ノートです。

3. これは_____です。

4. これは_____です。

5. これは_____です。

(II) Translate the following sentences.

1. This is the school I graduated (from).

2. This is the mountain I climbed last year.

第15課 5 Using Sentences to Qualify Nouns—2

Ⅰ Translate the sentences, paying attention to the underlined parts.

1. I met <u>a person who graduated from Tokyo University</u>.

2. I have <u>a friend who has been to Russia (ロシア)</u>.

3. <u>The dish (料理) I ate yesterday</u> was delicious.
   りょうり

4. I am looking for <u>a person who can speak Chinese</u>.

Ⅱ Answer the questions, using the noun qualifier. You can choose from the list or make up your own.

Example:　　Q：どんな友だちがほしいですか。
　　　　　　　　　　とも
　　　　　　　(A friend: who doesn't lie/who is good at singing/who keeps promises)
　　　　　　　A：うそをつかない友だちがほしいです。
　　　　　　　　　　　　　　　　　　とも

1. Q：アパートを探しています。どんなアパートがいいですか。
   　　　　　さが
   (An apartment: where you can own a pet/rooms are spacious/that has a swimming pool)

   A：_____

2. Q：どんな町に住みたいですか。
   　　　　まち　す
   (A town: where there are many nice shops/where people are kind/where many students live)

   A：_____

3. Q：ルームメートを探しています。どんな人がいいですか。
   　　　　　　　　さが　　　　　　ひと
   (A person: who has a car/who likes cleaning/who is good at cooking)

   A：_____

第15課 6 聞く練習 (Listening Comprehension)
（き　れんしゅう）

Ⓐ You are invited to Tom's room. Listen to what he says about his belongings and complete each explanation. 🔊 W15-A

1. これは_____きものです。

2. これは_____マフラーです。

3. これは_____
ラジオです。

4. これは_____ＤＶＤ です。
　　　　　　　　　　　　　　　　　（ディーブイディー）

5. これは_____歴史の本です。
　　　　　　　　　　　　　　　　　（れき し　ほん）

6. これは_____写真です。
　　　　　　　　　　　　　　　　　（しゃしん）

Ⓑ Listen to the dialogue between Mary and Sue and circle the appropriate ones.
🔊 W15-B　　　　　＊平和公園＝広島平和記念公園 (Hiroshima Peace Memorial Park)
　　　　　　　　　　（へいわ こうえん　ひろしまへいわ き ねんこうえん）

1. スーさんは今度の休みに（ 休もう ・ 勉強しよう ）と思っていました。
　　　　　　（こん ど　やす　　やす　　べんきょう　　　　おも）

2. スーさんは広島に行ったことが（ あります ・ ありません ）。
　　　　　　（ひろしま　い）

3. 広島は（ 公園がきれいな ・ 食べ物がおいしい ）ので、メアリーさんは広
　（ひろしま　こうえん　　　た もの　　　　　　　　　　　　　　　　　　　ひろ
　島に行きたがっています。
　しま　い）

4. メアリーさんは旅行の前に（ 本で広島について調べておく ・ 安い旅館を
　　　　　　　（りょこう　まえ　　ほん　ひろしま　　　　しら　　　　　やす　りょかん）
　予約しておく ）つもりです。
　（よやく）

5. スーさんは旅行の前に（ 平和公園について調べておきます ・ 宿題をして
　　　　　　（りょこう　まえ　　へいわ こうえん　　　　しら　　　　　　　しゅくだい）
　おきます ）。

Ⓒ Listen to the radio advertisement for Sakura University and mark ◯ if the statement is true, ✕ if it is not. 🔊 W15-C　　　＊ショッピングモール (shopping mall)

1. (　　　) The library is open until 10 P.M.

2. (　　　) There is a shopping mall on the university campus.

3. (　　　) There are restaurants nearby that serve international dishes.

4. (　　　) You can drink delicious coffee at a coffee shop nearby.

5. (　　　) There are many students studying English there.

第15課 7 答えましょう
こた

Ⅰ 日本語で答えてください。
にほんご　こた

1. もうすぐ海外旅行に行きます。何をしておかなければいけませんか。
かいがいりょこう　い　　　　　なに

2. 彼／彼女に初めてもらったプレゼントは何ですか。
かれ　かのじょ　はじ　　　　　　　　　　　　　なん

3. 今度の休みに何をしようと思っていますか。
こんど　やす　なに　　　　　　おも

4. どんな友だちがいますか。(Use a sentence qualifying noun.)
とも

5. どんな家に住みたいですか。(Use a sentence qualifying noun.)
いえ　す

Ⅱ 日本語で書いてください。
にほんご　か
あなたの今年の「新年の抱負 (New Year's resolution)」は何ですか。
ことし　しんねん　ほうふ　　　　　　　　　　　　　なん

Example:　いつもお菓子を食べすぎるので、今年はもっと野菜を食べようと
かし　た　　　　　　　　ことし　　　　やさい　た
思っています。それから、一週間に三回ぐらい運動しようと思って
おも　　　　　　　　　いっしゅうかん　さんかい　　　うんどう　　おも
います。

第16課 1 〜てあげる/くれる/もらう—1

Ⅰ Describe the pictures, using 〜てあげる／〜てくれる.

1.

2.

3.

Ⅱ Describe what you had these people do, using 〜てもらう.

1.

2.

3.

第16課 2 ～てあげる/くれる/もらう—2

Ⓘ Describe the situations, using ～てあげる, ～てくれる, and ～てもらう.

1. Since my family is coming to Japan, I will show them around Kyoto.

2. My older sister sometimes lends me her car.

3. My friend took me to the hospital.

4. My friend treated me to a dinner.

5. I showed pictures of my trip to my family.

Ⓘ Read the following paragraph carefully and fill in the blanks with あげます, くれます, or もらいます.

ぼくは今、日本に留学して、日本人の家族と住んでいます。家族はとても親切

です。お母さんは、おいしい料理を作って（1.　　　　　　　　）。お父さん

は、よく駅まで迎えに来て（2.　　　　　　　　）。ぼくは朝早く起きられ

ないので、お兄さんに起こして（3.　　　　　　　　）。ぼくは、お兄さん

の英語の宿題を直して（4.　　　　　　　　）。妹は、日本人の友だちを紹

介して（5.　　　　　　　　）。

第16課 3 ～ていただけませんか

(I) Ask the following people favors. Use the appropriate speech style: ～てくれない (casual), ～てくれませんか (formal), or ～ていただけませんか (very formal).

1. (*to a friend*) Will you lend (me) money?

2. (*to a friend*) Will you correct (my) Japanese?

3. (*to your host family*) Would you wake me up at seven o'clock tomorrow?

4. (*to your host family*) Would you speak more slowly?

5. (*to your professor*) Could you write a letter of recommendation?

6. (*to your professor*) Could you translate this into English?

(II) Complete the dialogues, using ～てくれない, ～てくれませんか, or ～ていただけませんか.

1. You: ＿＿＿＿＿＿＿＿＿＿＿＿＿＿＿＿＿＿＿＿＿＿＿＿＿＿＿＿

   Host mother: だめ、だめ。宿題は自分でしなきゃいけませんよ。

2. You: ＿＿＿＿＿＿＿＿＿＿＿＿＿＿＿＿＿＿＿＿＿＿＿＿＿＿＿＿

   Your friend: ごめん。来週まで待って。今、お金がないんだ。

第16課 4 ～といいですね/～といいんですが

Ⅰ Translate the sentences, using ～といいんですが.

1. I want to go to a graduate school. I hope I can receive a scholarship.

2. There is an exam tomorrow morning. I hope I do not oversleep.

3. I want to go to China. I hope I can go next year.

4. We are planning on having a barbecue. I hope it does not rain.

Ⅱ Wish the following people luck, using ～といいですね.

1. Your friend: あしたは私の誕生日なんです。
   わたし　　たんじょうび

   You: _____。

2. Your friend: 今、仕事を探しているんです。
   いま　しごと　さが

   You: _____。

3. Your friend: 今日、試験があるんです。
   きょう　しけん

   You: _____。

4. Your friend: 私の猫が病気なんです。
   わたし　ねこ　びょうき

   You: _____。

第16課 5 ～時—1
とき

Ⅰ Circle the correct tense expressions in the following sentences.

1. 友_{とも}だちがこの町_{まち}に（ 来_くる ・ 来_きた ）時_{とき}、案内_{あんない}します。

2. 友_{とも}だちがうちに（ 来_くる ・ 来_きた ）時_{とき}、部屋_{へや}を掃除_{そうじ}します。

3. （ 朝寝坊_{あさねぼう}する ・ 朝寝坊_{あさねぼう}した ）時_{とき}、タクシーに乗_のります。

4. ひま（ な ・ だった ）時_{とき}、テレビを見_みます。

5. ホームシック（ の ・ だった ）時_{とき}、両親_{りょうしん}に電話_{てんわ}します。

Ⅱ Look at each picture and complete a 時_{とき} sentence. If the pictures are shown in the order in which the two events took place, you can use the past tense before 時_{とき}. If they are in the reverse order, you can use the present tense before 時_{とき}.

1.

_____時_{とき}、

「いただきます」と言_いいます。

2.

_____時_{とき}、

_____。

3.

_____時_{とき}、

_____。

第16課 6 ～時—2
とき

ⓘ Determine whether event A (the "when" clause) occurs earlier than event B (the main clause) or not, and translate the following sentences.

Which occurs first?

1. When I went to bed (=A), I brushed my teeth (=B).　　　　[A / B]

2. When my parents got married (=A), they did not go anywhere (=B).　　[A / B]

3. When I go to school (=A), I take a bus (=B).　　　　[A / B]

4. When I bought this car (=A), I borrowed money from the bank (=B).　　[A / B]

5. When I received a present from my friend (=A), I was glad (=B).　　[A / B]

6. When I lost my bag (=A), I went to the police (警察) (=B).　　[A / B]
けいさつ

Ⅱ Answer the questions, using 時.
とき

1. どんな時、悲しいですか。
とき　　かな

2. さびしい時、何をしますか。
とき　　なに

3. どんな時、緊張しますか。
とき　　きんちょう

第16課 7 ～てすみませんでした

Ⅰ Make an apology in each of the situations below, using ～てすみませんでした (formal speech style) or ～てごめん (casual speech style).

1. You did not listen to the professor's lecture (話).

2. You have called a friend up late at night.

3. You could not go to your friend's birthday party.

4. You have been busy and have not written an e-mail to your mother lately.

5. You have lost a book that you borrowed from your teacher.

6. You were late for an appointment with your friend.

Ⅱ Have you ever caused other people suffering but missed an opportunity to apologize to them? Think of what you did, and make apologies.

1. (to your friend)

2. (to your parent)

3. (to your teacher)

4. (to anybody)

第16課 8 聞く練習 (Listening Comprehension)
き れんしゅう

Ⓐ Listen to the dialogue between a couple, Taro and Hanako. Who has agreed to do the following when they get married? Write T for the ones Taro has agreed to do, and write H for the ones Hanako has agreed to do. 🔊 W16-A

1. (   ) cook breakfast   3. (   ) clean   5. (   ) iron

2. (   ) wake partner up   4. (   ) shopping   6. (   ) laundry

Ⓑ Akiko is studying in the United States. She sends a video clip to her parents in Japan. Listen to her video clip and answer the questions. 🔊 W16-B

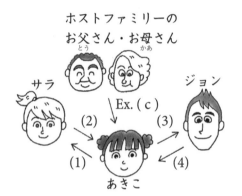

ホストファミリーの
お父さん・お母さん
とう　　　かあ
サラ
ジョン
Ex. (c)
(2)   (3)
(1)   (4)
あきこ

1. Choose from the list below what each person does.

(1) (   )   (2) (   )   (3) (   )

(4) (   ) & (   )

a. 服を貸す ふく か	d. パーティーに連れていく つ
b. 宿題を手伝う しゅくだい てつだ	e. おりがみを教える おし
c. ゆっくり話す はな	f. 友だちを紹介する とも しょうかい

2. あきこさんは今何がほしいと思っていますか。どうしてですか。
いまなに　　　　　　　おも

Ⓒ A TV reporter is interviewing famous star Rie Gotoh on her birthday. Mark ○ if the statement is true, and mark × if it is not. 🔊 W16-C

＊お誕生日おめでとうございます (Happy Birthday!)　ニュース (news)
たんじょうび

1. (   ) Rie has become 20 years old.

2. (   ) Rie wants to go to China for a vacation.

3. (   ) Rie is a singer.

4. (   ) Rie hopes that she can take three days off this year.

5. (   ) Rie announced her marriage to Mr. Saijo.

6. (   ) Rie gives more priority to her carreer over marriage.

第16課 ⑨ 答えましょう
こた

Ⅰ 日本語で答えてください。
にほんご　こた

1. 友だちが落ち込んでいる時、友だちに何をしてあげますか。
とも　　　お　こ　　　　　とき　とも　　　　なに

2. さびしい時、だれに何をしてもらいたいですか。
とき　　　　　なに

3. 子供の時、家族は何をしてくれましたか。
こども　とき　かぞく　なに

4. どんな時感動しましたか。
ときかんどう

5. よく泣きますか。どんな時泣きますか。
な　　　　　　　　　とき な

6. 道に迷った時、どうしますか。(どうする: what would you do?)
みち　まよ　とき

Ⅱ 日本語で書いてください。最近、だれにどんないいこと (good deed) をしましたか。
にほんご　か　　　　　　さいきん

Example:　日本人の友だちが書いた英語のレポートを直してあげました。
にほんじん　とも　　　か　えいご　　　　　　　なお
友だちはそのレポートでＡをもらったと言っていました。
とも　　　　　　　　　　　　　　　　　　　い

第17課 1 ～そうです/ ～って

Ⅰ Report the following statements, using ～そうです.

1. "Ms. Sato got a divorce."

2. "It will not be cold tomorrow."

3. "Takeshi got a full-time job at a travel agency."

4. "The movie theater was not crowded."

5. "Takeshi has to study tonight, because there is an exam tomorrow."

6. "Tom's landlord is very stingy."

Ⅱ Report what you have heard or read. Use ～によると to describe who you heard it from or where you read it.

1. 新聞によると、 _____ 。
しんぶん

2. 天気予報によると、 _____ 。
てん き よ ほう

3. _____ 。

Ⅲ Complete the dialogues, using ～って.

1. A：ニュース見た？ _____ 。
み

B：本当？
ほんとう

2. A：聞いた？ _____ 。
き

B：そうか。大丈夫かなあ。
だいじょう ぶ

第17課 2 ～たら

Ⅰ Complete the sentences by choosing appropriate phrases from the list below and turning them into ～たら phrases.

あした寒くない 　　 服を脱ぐ 　　 お金が足りない 　　 かぎをかける

1. _____、寒いです。

2. _____、だれも入れません。

3. _____、銀行でお金をおろすつもりです。

4. _____、山に登りましょう。

Ⅱ Translate the sentences, using ～たら.

1. Let's have a barbecue, if it does not rain this weekend.

2. If I were a teacher, I would give (= do) exams every week.

3. If my grade is not good, I become sad.

4. If I am not fine, I will not go out.

5. If I cannot get a full-time job, I will go on a trip for a year.

第17課 3 〜なくてもいいです

Ⅰ Translate the following sentences.

　1. I do not have to do the dishes at my house. My host mother does it for me.

　2. Since that hotel is not crowded, we do not need to make a reservation.

　3. You need not bring food to the party.

　4. I will treat you today. You do not have to pay.

　5. Because there is no homework, I do not have to study tonight.

Ⅱ Complete the following dialogues, using 〜なくてもいい. Note that the casual speech style is used.

　1. Ａ：今日、かさを持っていったほうがいいと思う？

　　 Ｂ：今日は雨が降らないそうだよ。＿＿＿＿＿＿＿＿＿＿＿＿＿＿＿＿＿＿＿＿。

　2. Ａ：今晩のパーティー、ネクタイをしたほうがいいと思う？

　　 Ｂ：ううん、＿＿＿＿＿＿＿＿＿＿＿＿＿＿＿＿＿＿＿＿＿＿＿＿＿＿＿＿＿。

　3. Ａ：ノート貸してくれてありがとう。あした返そうか？

　　 Ｂ：ううん、来週まで＿＿＿＿＿＿＿＿＿＿＿＿＿＿＿＿＿＿＿＿＿＿＿＿＿。

Ⅲ Describe two things that you do not have to do.

　1.

　2.

第17課 4 ～みたいです

Ⅰ Translate the sentences, using ～みたいです.

1. Ms. Tanaka is/acts like my mother.

2. It looks like Ms. Tanaka has caught a cold.

3. It seems that Ms. Tanaka got a divorce.

4. It seems that Ms. Tanaka did not brush her teeth this morning.

5. It seems that Ms. Tanaka overslept and missed her train.

Ⅱ Describe your impressions of the pictures below, using ～みたいです.

1. 　　2. 　　3.

ticket

1.

2.

3.

第17課 5 〜前に/〜てから
まえ

Ⅰ Describe the sequences of the pictures.

1. (a) & (b)： _____ 前に _____ 。
まえ

2. (c) & (d)： _____ 前に _____ 。
まえ

3. (d) & (e)： _____ から _____ 。

4. (f) & (g)： _____ から _____ 。

Ⅱ Translate the following sentences.

1. After playing tennis, I studied Japanese for an hour.

2. After locking (the door), I went to bed.

3. Before going out, I always watch the weather forecast.

第17課 6 聞く練習 (Listening Comprehension)
(き)　(れんしゅう)

Ⓐ Two businessmen are talking about their senior colleague, Mr. Yamamoto. Listen to their dialogue and mark ○ if the statement is true, × if it is not. 🔊 W17-A

1. (　　　) Yamamoto is going to quit the company.

2. (　　　) He has been sick these days.

3. (　　　) His salary is pretty low.

4. (　　　) He has been working very hard.

5. (　　　) He has just gotten divorced.

6. (　　　) They think the cause of his divorce is his wife's new boyfriend.

7. (　　　) They think they may need to find a new job before they get married.

Ⓑ Two people are going to Tanaka's party. Listen and answer the following questions. 🔊 W17-B

Before the party, are they going to:

1. hurry?　　　　　　[Yes / No]　　　3. take an umbrella?　　[Yes / No]

2. call Miss Tanaka?　[Yes / No]　　　4. buy something?　　　[Yes / No]

Ⓒ Mary and Takeshi are talking about plans for this weekend. Listen to the dialogue and answer the questions in Japanese. 🔊 W17-C　＊六甲山 (Mt. Rokko)
(ろっこうさん)

1. メアリーさんたちはいつ神戸に行くつもりですか。
(こう)(べ)　(い)

2. 神戸で何がしたいと思っていますか。
(こう)(べ)　(なに)　　　(おも)

　　a. メアリーさんは_____と思っています。
(おも)

　　b. スーさんは_____と思っています。
(おも)

　　c. たけしさんは_____と思っています。
(おも)

3. 雨が降ったら、何をするつもりですか。
(あめ)(ふ)　　(なに)

第17課 7 答えましょう

Ⅰ 日本語で答えてください。

1. 卒業したら、何をしようと思っていますか。

2. 宝くじに当たったら、何がしたいですか。

3. クラスメートについて何か知っていますか。(Use ～そうです.)

4. 最近どんなニュースがありましたか。(Use ～によると……そうです.)

5. きのう寝る前に何をしましたか。

6. この宿題が終わってから、何をするつもりですか。

Ⅱ 日本語で書いてください。
どんな仕事をしたいですか。／どんな会社に就職したいですか。どうしてですか。
(Use そうです, ～みたいです, ～なくてもいいです, etc.)

Example:　私は銀行に就職したいです。銀行は給料が高いし、土曜日と日曜日は休みなので、働かなくてもいいです。仕事は大変そうですが、おもしろそうです。

第18課 1 Transitivity Pairs—1

Ⅰ Choose the correct verbs and fill in the blanks with their long forms.

Example: （ あける ・ あく ） → ドアが あきます 。

1.（ しまる ・ しめる ） → 窓を_____。
   <small>まど</small>

2.（ いれる ・ はいる ） → 猫が家に_____。
   <small>ねこ　いえ</small>

3.（ つける ・ つく ） → 電気を_____。
   <small>でん き</small>

4.（ わく ・ わかす ） → お湯が_____。
   <small>ゆ</small>

5.（ でる ・ だす ） → かばんから本を_____。
   <small>ほん</small>

6.（ きえる ・ けす ） → 電気が_____。
   <small>でん き</small>

7.（ こわす ・ こわれる ） → 時計が_____。
   <small>と けい</small>

8.（ よごす ・ よごれる ） → 服を_____。
   <small>ふく</small>

9.（ おちる ・ おとす ） → ペンが_____。

Ⅱ Answer the following questions.

1. 寝る時、電気を消しますか。
   <small>ね　とき　でん き　け</small>

2. 毎朝、窓を開けますか。
   <small>まいあさ　まど　あ</small>

3. よく服を汚しますか。
   <small>ふく　よご</small>

4. よく物を壊しますか。
   <small>もの　こわ</small>

5. 財布を落としたことがありますか。
   <small>さい ふ　お</small>

第18課 2 Transitivity Pairs—2

▶ Describe the picture, using ～ています.

1. 左の窓が_____。
   <small>ひだり　まど</small>

2. 右の窓が_____。
   <small>みぎ　まど</small>

3. 時計が_____。
   <small>と けい</small>

4. 電気が_____。
   <small>でん き</small>

5. Tシャツが_____。
   <small>ティー</small>

6. テレビが_____。

7. お湯が_____。
   <small>ゆ</small>

（第18課 3 ～てしまう）

（Ⅰ）Translate the sentences, using ～てしまう.

1. I already finished writing a paper.

2. I finished reading this book.

3. I didn't have much money, but I bought an expensive shirt. (And I came to regret it.)

4. I borrowed my father's car, but I broke it (regrettably).

5. Since my friend didn't keep her promise, I had a fight (regrettably).

6. Since I quit the job (to my regret), I do not have a job right now.

（Ⅱ）Complete the dialogue, using ～ちゃった／じゃった, the casual version of ～てしまった.

A：冷蔵庫の牛乳がないんだけど……。
　　れいぞうこ　ぎゅうにゅう

B：ごめん。1. _____。

A：つくえの上の雑誌もない。
　　　　　うえ　ざっし

B：ごめん。2. _____。

A：……。

第18課 4 〜と

(I) Translate the following sentences, using 〜と.

1. Whenever letters don't come, I become sad.

2. Whenever I use a computer, (my) eyes hurt (lit., become painful).

3. Whenever I overeat, I become sick.

4. Whenever I take this medicine, I become sleepy.

5. When spring comes, flowers bloom.

(II) Complete the sentences, using 〜と.

1. _____、おなかがすきます。

2. _____、日本語が上手になります。

3. _____、うれしくなります。

(III) Answer the questions, using 〜と.

1. どんな時、寝られませんか。

2. どんな時、恥ずかしくなりますか。

第18課 5 ～ながら

Ⅰ Describe the pictures, using ～ながら.

1.    2.    3.    4.

1.

2.

3.

4.

Ⅱ Translate the following sentences.

1. I did homework while watching TV.

2. You had better not walk and eat at the same time.

3. Mary showed me the picture, laughing.

4. I think while taking a walk.

Ⅲ Answer the questions, using ～ながら.

1. たいてい、何をしながら勉強しますか。

2. 何をするのが好きですか。

第18課 6 ～ばよかったです

(I) Translate the sentences, using ～ばよかったです.

1. カメラを買ったけど、すぐ壊れました。

→ _____

(I should not have bought the camera.)

2. 友だちの家に来たけど、いません。

→ _____

(I should have called.)

3. ほしかった服が、もう店にありません。

→ _____

(I should have bought those clothes.)

4. 日本語が上手になりません。

→ _____

(I should not have cut classes.)

(II) What ～ばよかったです sentences would you say in the following situations?

1. お金がありません。

2. 気分が悪いです。

3. テストの成績が悪かったです。

4. かぜをひいてしまいました。

(III) Do you regret having done or not having done something? Describe your regrets, using ～ばよかったです.

1.

2.

第18課 7 聞く練習 (Listening Comprehension)
き　　　れんしゅう

Ⓐ Listen to the dialogue between a mother and a daughter. Mark ○ if the statement is true, and mark × if it is not. 📢 W18-A

＊クッキー (cookie)　カップラーメン (cup ramen/noodle)

1. (　　　　) The daughter had dinner with her friend.

2. (　　　　) Tanaka ate the cookies.

3. (　　　　) Her father ate the noodles.

4. (　　　　) The daughter regrets that she did not buy anything at the convenience store.

Ⓑ Professor Yamashita called the customer service section of a computer company. Listen to the dialogue, and fill in the form. 📢 W18-B

＊カスタマーサービス (customer service)　ライト (light)　スクリーン (computer screen)

> ### カスタマーサービス
>
> 1. 赤いライト　[on / off]
> 　あか
>
> 2. スクリーン　[on / off]
>
> 3. 原因 (cause)：
> 　げんいん
>
> --
>
> --
>
> --

Ⓒ Listen to the dialogue between Mr. Mori and Mr. Tanaka, and answer the following questions in Japanese. 📢 W18-C

1. 田中さんは仕事の後、何をしていますか。
　たなか　　　しごと　あと　なに

2. ロンドンでどんな経験をしましたか。
　　　　　　　けいけん

3. 何をすればよかったと言っていましたか。
　なに　　　　　　　　　　い

第18課 8 答えましょう

Ⅰ 日本語で答えてください。

1. あなたのかばんの中に、いつも何が入っていますか。

2. 友だちの物を壊してしまったことがありますか。その時どうしましたか。

3. 音楽を聞きながら、よく何をしますか。

4. 子供の時、何をすればよかったと思いますか。

5. 落ち込んでいる時、何をすると元気になりますか。

Ⅱ 日本語で書いてください。
Write about your failure or something you have done and regretted.

Example: 旅行に行く時、友だちにカメラを借りました。でも、そのカメラを
なくしてしまいました。友だちに謝って、新しいカメラを買いまし
た。今度からもっと気をつけようと思います。

第19課 1 Honorific Verbs—1

▶ Rewrite the underlined verbs, using honorific expressions.

1. 先生はご飯を<u>食べました</u>。　　　→ _____

2. 社長はたばこを<u>吸います</u>。　　　→ _____

3. この映画を<u>見ました</u>か。　　　→ _____

4. 部長はあした<u>帰ります</u>。　　　→ _____

5. 先生はきのう学校に<u>来ませんでした</u>。→ _____

6. 社長は<u>結婚しています</u>。　　　→ _____

7. この人に<u>会った</u>ことがありますか。→ _____

8. 部長はスペイン語を<u>話します</u>。　→ _____

9. 先生は「大丈夫です」と<u>言いました</u>。→ _____

10. 社長は本を<u>くれました</u>。　　　→ _____

11. きのうの夜、何時に<u>寝ました</u>か。→ _____

12. 先生はテニスを<u>しません</u>。　　→ _____

13. 何を<u>書いている</u>んですか。　　→ _____

第19課 2 Honorific Verbs—2

Ⅰ You are the master of ceremony (司会) at a school party. This is your speech, introducing your professor who will sing a song. Underline the parts that call for the honorific expressions, and rewrite them.

大川先生を紹介します。大川先生は、イリノイ大学の大学院で勉強した後、

ずっとアメリカで日本語を教えていましたが、四年前にさくら大学に来ました。

「最近はとても忙しくて、テレビを見る時間もない」と言っています。この間、

ギターを買ったそうです。今日は「ドナ・ドナ」を歌ってくれます。きのうも

お宅で練習したそうです。じゃあ、大川先生、よろしくお願いします。

Ⅱ Here is the interview of the professor after the performance. Fill in the blanks with appropriate honorific verbs.

司会：大川先生、ありがとうございました。

　　　きのうの夜はよく 1.＿＿＿＿＿＿＿＿＿＿＿＿＿＿＿＿＿＿か。

先生：いいえ、緊張していたので、あまり寝られませんでした。

司会：そうですか。今晩は何を 2.＿＿＿＿＿＿＿＿＿んですか。

先生：家族とゆっくり晩ご飯を食べるつもりです。

司会：そうですか。おいしい晩ご飯を 3.＿＿＿＿＿＿＿＿＿ください。
　　　今日はどうもありがとうございました。

第19課 3 Honorific Verbs—3・Giving Respectful Advice

Ⅰ Translate the sentences, using honorific expressions.

1. A famous professor came to our university.

2. The professor made a speech（スピーチをする）at the graduation ceremony.

3. What kind of music do you listen to?

4. Have you seen this movie yet?

5. It seems Professor Yamashita is very tired.

Ⅱ First, complete the "respectful advice" sentences, according to the given cues. Then, choose from the list below the appropriate situation in which you are likely to hear each piece of advice.

1. (　　) こちらに、お名前を_____。
　　　　　　　なまえ　　　　　　　　　(write)

2. (　　) 右を_____。富士山 (Mt. Fuji) が見えます。
　　　　　みぎ　　　　　　(look)　　　　　ふ じ さん　　　　　　み

3. (　　) 今、込んでいます。こちらで_____。
　　　　　いま こ　　　　　　　　　　　　　　(wait)

4. (　　) 皿が熱いですから、気をつけて_____。
　　　　　さら あつ　　　　　　　き　　　　　(eat)

| a. At a reception desk | c. At a restaurant |
| b. Outside of a restaurant | d. Bus tour |

第19課 4 ～てくれてありがとう

(I) Express your appreciation, using ～てくれてありがとう or ～てくださってありがとうございました in the following situations.

1. Your friend drove you home.

2. Your friend lent you money.

3. Your friend showed you around her town.

4. Your boss treated you to a dinner.

5. Your teacher translated your letter.

6. Your teacher invited you to a party.

(II) Write three sentences thanking people.

1. (Said to: _____)

2. (Said to: _____)

3. (Said to: _____)

第19課 5 ～てよかったです

Ⅰ Translate the sentences, using ～てよかったです.

1. I am glad I studied the honorific language.

2. I am glad that I was able to meet Ms. Tanaka.

3. I am glad that it did not rain.

4. I am glad that I did not give up.

5. I am glad that I did not miss the train.

Ⅱ Write three things that you are glad you have or have not done, using ～てよかったです.

1.

2.

3.

第19課 6 〜はずです

Ⅰ Translate the sentences, using 〜はずです.

1. I believe that Sue will tidy up her room, because her boyfriend will come.

2. I believe that Mary will not cut classes, because she is a good student.

3. I believe that Canada (カナダ) is larger than the United States.

4. I believe that John is good at Chinese, because he lived in China.

Ⅱ Complete the dialogues, using 〜はずです.

1. A：山田さんはとんかつを食べるかな。

　 B：山田さんはベジタリアン (vegetarian) だから、_____。

2. A：みちこさんは今日、パーティーに来ないかもしれませんね。

　 B：そうですか？　新しい友だちを作りたいと言っていたから、

　　 _____。

Ⅲ Complete the sentences, using 〜はずでした for the failed predictions.

1. 飛行機は九時に空港に_____が、遅れてしまいました。

2. 友だちが私の家に_____が、来ませんでした。

3. テストは_____が、難しかったです。

第19課 7 聞く練習 (Listening Comprehension)
（き　れんしゅう）

Ⓐ Listen to the interview with a bestselling writer, Ms. Yamada. Mark ○ if the statement is true, × if it is not. 📻 W19-A

＊ベストセラー (bestseller)　おととし (the year before last)　気に入る (be fond of)
（き　い）

1. (　　　) 山田さんは静岡に十五年住んでいます。
やま だ　　　　しずおか　じゅうごねん す
2. (　　　) 山田さんは散歩しながらいろいろ考えます。
やま だ　　　さん ぽ　　　　　　　　　　かんが
3. (　　　) 山田さんは一日中仕事をします。
やま だ　　　いちにちじゅう し ごと
4. (　　　) 山田さんは九時ごろ寝ます。
やま だ　　　く じ　　　　ね
5. (　　　) 山田さんは東京でよく映画を見ました。
やま だ　　　とうきょう　　　えい が　　み
6. (　　　) 山田さんは東京に住みたいと思っています。
やま だ　　　とうきょう　す　　　　　おも

Ⓑ A prince from some country is visiting Japan. Yesterday he visited a small town. Listen to the news reporter and answer the following questions. 📻 W19-B

＊王子 (prince)
（おう じ）

1. Fill in the blanks below. You don't need to use honorific verbs.

時間 じ かん	王子は何をしましたか おう じ　なに
10:00	駅に着きました。 えき つ
	a. _____
	b. _____
c. _____	高校生と一緒に昼ご飯を食べました。 こうこうせい　いっしょ　ひる　はん　た
	d. _____
	e. _____
2:00	f. _____
5:00	g. 新幹線で_____ しんかんせん

2. Mark ◯ if the statement is true, ✕ if it is not.

    a. (   ) He had a great time, but he needed more time.

    b. (   ) His host family lives in Tokyo.

    c. (   ) He will leave Japan this evening.

Ⓒ Listen to the announcements or short dialogues. Choose the place where you would be most likely to hear them and also what they ask you to do from below. 🔊 W19-C   ＊〜行き (bound for 〜)

Place:	Request:
a. Bank	A. Eat.
b. Someone's dining room	B. Write your name, address, and phone number.
c. Platform	C. Call her after deciding the order.
d. Restaurant	D. Wait for a moment.
e. Travel agency	E. Be careful.

      Place   Request

1. (   ) — (   )

2. (   ) — (   )

3. (   ) — (   )

4. (   ) — (   )

5. (   ) — (   )

第19課 8 答えましょう
こた

I 日本語で答えてください。
にほんご こた

1. あなたは、自分はどんな性格だと思いますか。
じぶん せいかく おも

2. 日本のどんな文化に興味がありますか。
にほん ぶんか きょうみ

3. 日本語を勉強してよかったと思いますか。どうしてですか。
にほんご べんきょう おも

4. 今、だれにお礼を言いたいですか。何と言いたいですか。
いま れい い なん い

5. 最近、怒ったことがありますか。どうして怒りましたか。
さいきん おこ おこ

II あなたの知っている目上の人の生活について、敬語を使って書いてください。
し めうえ ひと せいかつ けいご つか か
(Write about daily life of social superiors you know using honorific expressions.)

Example: 　山田先生は毎日九時に大学にいらっしゃいます。たいてい七時ごろ
やまだ せんせい まいにち く じ だいがく しち じ
まで大学にいらっしゃいます。昼ご飯は大学の食堂で召し上がりま
だいがく ひる はん だいがく しょくどう め あ
す。夜は本をお読みになって、テレビをご覧になるそうです。
よる ほん よ らん

第20課 1 Extra-modest Expressions

▶ Change the underlined parts into extra-modest expressions.

1.

田中さんはいらっ
しゃいますか。

今来ますので、
少々お待ちく
ださい。

→ ＿＿＿＿＿＿＿＿＿＿＿＿＿＿＿

2.

田中と言います。
よろしくお願いします。

→ ＿＿＿＿＿＿＿＿＿＿＿＿＿＿＿

3.

お茶をどうぞ。

すみません。
飲みます。

→ ＿＿＿＿＿＿＿＿＿＿＿＿＿＿＿

4.

山本部長はいらっしゃいますか。

今日は休んでいます。

→ ＿＿＿＿＿＿＿＿＿＿＿＿＿＿＿

5.

かばんはこちらにあります。

→ ＿＿＿＿＿＿＿＿＿＿＿＿＿＿＿

6.

パンです。どうぞ。

→ ＿＿＿＿＿＿＿＿＿＿＿＿＿＿＿

第**20**課 2 Humble Expressions—1

▶ Change the underlined parts into humble expressions.

1. 駅で先生に<u>会いました</u>。　　　　　→ ＿＿＿＿＿＿＿＿＿＿＿＿

2. 先生に本を<u>借りました</u>。　　　　　→ ＿＿＿＿＿＿＿＿＿＿＿＿

3. 毎朝、部長にお茶を<u>いれます</u>。　　→ ＿＿＿＿＿＿＿＿＿＿＿＿

4. 部長におみやげを<u>もらいました</u>。　→ ＿＿＿＿＿＿＿＿＿＿＿＿

5. 部長を駅まで<u>送りました</u>。　　　　→ ＿＿＿＿＿＿＿＿＿＿＿＿

6. 部長の荷物を<u>持ちました</u>。　　　　→ ＿＿＿＿＿＿＿＿＿＿＿＿

7. 先生にかさを<u>貸しました</u>。　　　　→ ＿＿＿＿＿＿＿＿＿＿＿＿

8. 部長の奥様もパーティーに<u>呼びましょう</u>。　→ ＿＿＿＿＿＿＿＿＿＿＿＿

9. 部長の誕生日に花を<u>あげようと思います</u>。　→ ＿＿＿＿＿＿＿＿＿＿＿＿

第20課 3 Humble Expressions—2

(Ⅰ) Translate the sentences, using humble expressions.

1. Shall I (humbly) give you a ride to (lit., as far as) the station?

2. Because the department manager's baggage looked heavy, I carried it (for him).

3. When the department manager goes on a business trip, I lend my camcorder.

4. Tomorrow is Valentine's Day, so I intend to give the department manager a chocolate.

(Ⅱ) This is the story of John's trip to Tokyo. Underline the parts that call for humble expressions and rewrite them.

先週、東京に行って、山田先生に会いました。先生はお元気そうでした。先生

に東京を案内してもらいました。観光してから、レストランに行きました。先

生にごちそうしてもらいました。私は先生に東京の大学について聞きました。

それから、先生に借りていた本を返しました。帰る時、私は先生にオーストラ

リアのおみやげをあげました。とても楽しかったです。

第20課 4 Three Types of Respect Language

Ⅰ Mr. Noda is interviewing Mr. Tanaka. Fill in the blanks with appropriate expressions.

Noda: 田中さんは、どちらに 1.＿＿＿＿＿＿＿＿＿＿＿＿＿＿＿＿。
                (Where do you live?)

Tanaka: 家族と一緒に奈良に 2.＿＿＿＿＿＿＿＿＿＿＿＿＿＿＿＿＿。

N: 今日はどうやって 3.＿＿＿＿＿＿＿＿＿＿＿＿＿＿＿＿＿＿。
              (How did you come here today?)

T: 新幹線で 4.＿＿＿＿＿＿＿＿＿＿＿＿＿＿＿＿＿＿＿＿。

N: ご兄弟が 5.＿＿＿＿＿＿＿＿＿＿＿＿＿＿＿＿＿＿＿＿。
              (Do you have any siblings?)

T: はい。兄が一人 6.＿＿＿＿＿＿＿＿＿＿＿＿＿＿＿＿＿＿。

N: そうですか。田中さんは大学院で 7.＿＿＿＿＿＿＿＿＿＿＿＿。
                                  (What did you study?)

T: 経済を 8.＿＿＿＿＿＿＿＿＿＿＿＿＿＿＿＿＿＿＿＿＿。

Ⅱ One of your business associates, Mr. Mori, came to town. Write the following story in Japanese, using honorific expressions and humble expressions.

1.＿＿＿＿＿＿＿＿＿＿＿＿＿＿＿＿＿＿＿＿＿＿＿＿＿＿＿＿＿。
              (Mr. Mori arrived at the airport at 9:00.)

2.＿＿＿＿＿＿＿＿＿＿＿＿＿＿＿＿＿＿。一緒にゴルフをしに行きました。
          (I met Mr. Mori for the first time.)

3.＿＿＿＿＿＿＿＿＿＿＿＿＿＿＿＿＿＿＿＿＿＿＿＿＿＿＿＿＿。
        (Mr. Mori didn't bring his clubs [クラブ], so I lent him mine.)

4.＿＿＿＿＿＿＿＿＿＿＿＿＿＿＿＿＿＿＿＿＿＿＿＿＿＿＿＿＿。
              (I gave him a ride to the hotel around 7:00.)

第20課 5 〜ないで

Ⅰ Answer the questions, using 〜ないで.

Example:　Q：コーヒーを飲む時、砂糖を入れますか。
　　　　　　A：いいえ。砂糖を入れないでコーヒーを飲みます。

1. Q：出かける時、天気予報を聞きますか。

　 A：＿＿＿＿＿＿＿＿＿＿＿＿＿＿＿＿＿＿＿＿＿＿＿＿＿＿＿＿＿＿＿

2. Q：新聞を読む時、辞書を使いますか。

　 A：＿＿＿＿＿＿＿＿＿＿＿＿＿＿＿＿＿＿＿＿＿＿＿＿＿＿＿＿＿＿＿

3. Q：高い物を買う時、よく考えますか。

　 A：＿＿＿＿＿＿＿＿＿＿＿＿＿＿＿＿＿＿＿＿＿＿＿＿＿＿＿＿＿＿＿

4. Q：ご飯を食べる時、手を洗いますか。

　 A：＿＿＿＿＿＿＿＿＿＿＿＿＿＿＿＿＿＿＿＿＿＿＿＿＿＿＿＿＿＿＿

5. Q：友だちの家に遊びに行く時、電話をかけますか。

　 A：＿＿＿＿＿＿＿＿＿＿＿＿＿＿＿＿＿＿＿＿＿＿＿＿＿＿＿＿＿＿＿

6. Q：旅行する時、ホテルを予約しますか。

　 A：＿＿＿＿＿＿＿＿＿＿＿＿＿＿＿＿＿＿＿＿＿＿＿＿＿＿＿＿＿＿＿

Ⅱ Complete the sentences, using 〜ないで.

1. きのう＿＿＿＿＿＿＿＿＿＿＿＿＿＿＿＿＿＿＿＿＿＿＿＿＿＿、寝ました。

2. ＿＿＿＿＿＿＿＿＿＿＿＿＿＿＿＿＿＿＿＿＿＿＿＿、生活しています。

3. ＿＿＿＿＿＿＿＿＿＿＿＿＿＿＿＿、＿＿＿＿＿＿＿＿＿＿＿＿＿＿＿。

第20課 6 Questions Within Larger Sentences

Ⅰ Fill in the blanks with "questions within larger sentences."

1. _____わかりません。
(whether or not [they will] exchange this sweater [for me])

2. _____教えてください。
おし
(how long it will take to the airport)

3. _____わかりません。
(whether or not I can become a lawyer)

4. _____。
(Do you know whether the teacher drinks wine?)

5. _____。
(I don't know what kind of person lives in the next room.)

6. _____。
(Do you know what Mary's hobby is?)

7. _____。
(I don't remember who gave me a ride home.)

8. _____。
(Do you remember how much this textbook was?)

Ⅱ You are going to meet a fortuneteller today. Write three things you want to know about the future.

Example:　いつ大学を卒業できるか知りたいです。
だいがく　そつぎょう　　　し

1.

2.

3.

第20課 7 Name という Item・〜やすい/〜にくい

Ⅰ Fill in the blanks with 〜という.

1. 最近、＿＿＿＿＿＿＿＿＿＿＿＿＿＿＿＿＿＿＿＿＿＿＿本を読みました。
   さいきん　　　　　　　　　　　　　　　　　　　　　　　　　　ほん　よ

2. 先週、＿＿＿＿＿＿＿＿＿＿＿＿＿＿＿＿＿＿＿＿人と友だちになりました。
   せんしゅう　　　　　　　　　　　　　　　　　　　　　ひと　とも

3. この間、初めて＿＿＿＿＿＿＿＿＿＿＿＿＿＿＿＿＿＿食べ物を食べました。
   あいだ　はじ　　　　　　　　　　　　　　　　　　　　　た　もの　た

4. ＿＿＿＿＿＿＿＿＿＿＿＿＿＿＿＿＿＿＿＿でアルバイトをしたことがあります。

5. 今、私の国で＿＿＿＿＿＿＿＿＿＿＿＿＿＿＿＿＿＿＿が人気があります。
   いま　わたし　くに　　　　　　　　　　　　　　　　　　　　　にんき

Ⅱ Read the first half of the sentence and fill in the blanks with the verb stem ＋ やすいです／にくいです, according to the given cues.

1. ここは物価が安いので、＿＿＿＿＿＿＿＿＿＿＿＿＿＿＿＿＿＿＿＿＿。
   ぶっか　やす
   　　　　　　　　　　　　　　　　　　　　　　(live)

2. あの角はせまいので、＿＿＿＿＿＿＿＿＿＿＿＿＿＿＿＿＿＿＿＿＿。
   かど
   　　　　　　　　　　　　　　　　　　　　　(turn)

3. この歌は音が高いので、＿＿＿＿＿＿＿＿＿＿＿＿＿＿＿＿＿＿＿＿＿。
   うた　おと　たか
   　　　　　　　　　　　　　　　　　　　　　(sing)

4. 山下先生はやさしいし、話を聞いてくださるから、＿＿＿＿＿＿＿＿＿＿＿
   やましたせんせい　　　　　　はなし　き
   　　　　　　　　　　　　　　　　　　　　　　　　　　　(consult)

   ＿＿＿＿＿＿＿＿＿＿＿＿＿。

第20課 8 聞く練習 (Listening Comprehension)
き　　れんしゅう

Ⓐ You are participating in a sightseeing tour in Kyoto. Listen to the conversation between the tour guide and tourists. 🔊 W20-A　　＊ガイド (tour guide)　とうふ (tofu)

1. Put the following in order.

a. 金閣寺	b. 南禅寺	c. 竜安寺	d. 清水寺	e. みやび
きんかくじ	なんぜんじ	りょうあんじ	きよみずでら	

(　　　) → (　　　) → (　　　) → (　　　) → (　　　)

2. Where will they do the following? Choose the places from the list above.

(1) (　　　) トイレに行く
い

(2) (　　　) 昼ご飯を食べる
ひる　はん　た

(3) (　　　) 写真を撮る
しゃしん　と

Ⓑ Listen to the dialogue in a Japanese class and fill in the blanks. 🔊 W20-B

1. ジョンさんは_____ないで家を出ました。
いえ　で

2. ロバートさんはきのう_____ないで寝ました。
ね

3. スーさんは_____ので、自転車をなくしました。
じてんしゃ

4. 先生は_____ないでクラスに来ました。
せんせい　　　　　　　　　　　　　　　　　　　　　　　　　　き

Ⓒ Listen to the conversation between two college students and mark ○ if the statement is true, × if it is not. 🔊 W20-C　　＊やっぱり (as I thought)

1. (　　　) 男の人と野村さんは同じサークルです。
おとこ　ひと　のむら　　おな

2. (　　　) 野村さんは、性格もよくて、話しやすくて、もてます。
のむら　　　せいかく　　　　はな

3. (　　　) 男の人は、野村さんがどこに住んでいるか知っています。
おとこ　ひと　のむら　　　　　す　　　　　し

4. (　　　) 男の人は、野村さんの彼女を知っています。
おとこ　ひと　のむら　　かのじょ　し

第**20**課 9 答えましょう
こた

Ⅰ 日本語で答えてください。
にほんご　こた

1. 財布を持たないで買い物に行ったことがありますか。
さいふ　も　　　　か　もの　い

（「はい」の時）どうしましたか。
とき

2. クラスメートが週末何をしたか知っていますか。
しゅうまつなに　　　し

（「いいえ」の時）何をしたと思いますか。
とき　なに　　　おも

3. どんな町が生活しやすいと思いますか。
まち　せいかつ　　　おも

Ⅱ あなたの好きなもの（映画, レストラン, 歌手, etc.）を日本語で紹介してください。
す　　　　　えいが　　　　　　　　かしゅ　　　　にほんご　しょうかい

Example: 花というレストランはいいですよ。安くておいしい料理が食べられ
はな　　　　　　　　　　　　　　やす　　　　　　　りょうり　た
ますから。

1.

2.

Ⅲ Write a formal self-introduction using the words below.

申します　　　まいりました　　（て）おります
もう

第21課 1 Passive Sentences—1

Ⅰ Fill in the chart.

dictionary form	potential form	passive form	dictionary form	potential form	passive form
Ex. 見る み	見られる み	見られる み	5. さわる		
1. いじめる			6. 泣く な		
2. 読む よ			7. 笑う わら		
3. 帰る かえ			8. くる		
4. 話す はな			9. する		

Ⅱ Rewrite the sentences, using passive forms.

1. 田中さんは山田さんをなぐりました。
   たなか　　やまだ

   →　山田さんは_____。
   　　やまだ

2. 山本さんは山田さんをばかにします。
   やまもと　　やまだ

   →　山田さんは_____。
   　　やまだ

3. お客さんは山田さんに文句を言います。
   きゃく　　やまだ　　もんく　い

   →　山田さんは_____。
   　　やまだ

4. どろぼうが山田さんの家に入りました。
   　　やまだ　　いえ　はい

   →　山田さんは_____。
   　　やまだ

5. どろぼうが山田さんのかばんを盗みました。
   　　やまだ　　ぬす

   →　山田さんは_____。
   　　やまだ

6. 知らない人が山田さんの足を踏みました。
   し　　ひと　やまだ　　あし　ふ

   →　山田さんは_____。
   　　やまだ

第21課 2 Passive Sentences—2

Ⅰ Read the following sentences carefully and decide which part can be changed into the passive form. Rewrite the whole sentence.

Example:　となりの人がたばこを吸ったので、のどが痛くなりました。
→　となりの人にたばこを吸われたので、のどが痛くなりました。

1. 私は日本語を間違えたので、子供が笑いました。

→

2. 友だちが遊びに来たので、勉強できませんでした。

→

3. 喫茶店でウエートレスが私の服を汚したので、怒りました。

→

4. 私はよくクラスに遅刻するので、先生は怒ります。

→

5. よく兄が私の車を使うので、困っています。

→

Ⅱ Translate the sentences, using passive forms.

1. The baby cries every night (and I am annoyed).

2. I hear that Masao was dumped by Yoko.

3. Mr. Tanaka's mother often reads his diary (and he is not happy).

4. I was bullied by Masao when I was a child.

5. I had my purse stolen in the library.

第21課 3 Passive and 〜てもらう

▶ Describe the following situations, using either passive or 〜てもらう, whichever is appropriate in the given situation.

Example:　My brother cleaned my room.

→　私は兄に部屋を掃除<u>してもらいました</u>。
　　わたし　あに　へや　そうじ

My brother threw away my favorite magazine.

→　私は兄に大切な雑誌を捨て<u>られました</u>。
　　わたし　あに　たいせつ　ざっし　す

1. My brother taught me Japanese.

→　私は＿＿＿＿＿＿＿＿＿＿＿＿＿＿＿＿＿＿＿＿＿＿＿＿＿＿＿＿＿＿＿＿＿＿＿＿＿。
　　わたし

2. My brother broke my camera.

→　私は＿＿＿＿＿＿＿＿＿＿＿＿＿＿＿＿＿＿＿＿＿＿＿＿＿＿＿＿＿＿＿＿＿＿＿＿＿。
　　わたし

3. My brother lent me his comic books.

→　私は＿＿＿＿＿＿＿＿＿＿＿＿＿＿＿＿＿＿＿＿＿＿＿＿＿＿＿＿＿＿＿＿＿＿＿＿＿。
　　わたし

4. My brother ate my chocolate.

→　私は＿＿＿＿＿＿＿＿＿＿＿＿＿＿＿＿＿＿＿＿＿＿＿＿＿＿＿＿＿＿＿＿＿＿＿＿＿。
　　わたし

5. My brother treated me to dinner at a famous restaurant.

→　私は＿＿＿＿＿＿＿＿＿＿＿＿＿＿＿＿＿＿＿＿＿＿＿＿＿＿＿＿＿＿＿＿＿＿＿＿＿。
　　わたし

6. My brother makes a fool of me.

→　私は＿＿＿＿＿＿＿＿＿＿＿＿＿＿＿＿＿＿＿＿＿＿＿＿＿＿＿＿＿＿＿＿＿＿＿＿＿。
　　わたし

7. My brother often bullied me when I was a child.

→　私は＿＿＿＿＿＿＿＿＿＿＿＿＿＿＿＿＿＿＿＿＿＿＿＿＿＿＿＿＿＿＿＿＿＿＿＿＿。
　　わたし

第**21**課 4 〜てある

Ⅰ Describe the picture, using 〜てあります.

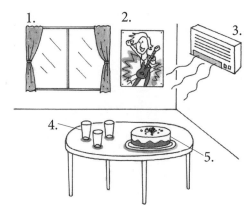

1.

2.

3.

4.

5.

Ⅱ Translate the sentences, using 〜てあります.

1. The dinner has been made. I hope it is delicious.

2. It is cold. Is the heater on?

3. Two tickets for Kabuki have been bought. Would you like to come with me?

第21課 5 ～間に
あいだ

(I) Translate the following sentences.

1. While I was changing my clothes, my roommate made coffee for me.

2. While the baby is sleeping, I will prepare dinner.

3. While you were taking a bath, there was a phone call from Mr. Tanaka.

4. While I was absent (not home), did someone come?

5. While my parents are in Japan, I plan to take them to Hiroshima.

(II) Make your own sentences.

1. _____間にお金を盗まれました。
　　　　　　　　　　　　　　　　　　　　　あいだ　　かね　ぬす

2. 昼寝をしている間に_____。
　 ひる ね　　　　　あいだ

3. 日本にいる間に_____たり_____たりしたいです。
　 に ほん　　あいだ

4. _____間に_____ばよかったです。
　　　　　　　　あいだ

第21課 6 Adjective ＋ する

(I) Translate the following sentences.

1. I have to make the room clean because my parents are coming.

2. There are a lot of vocabulary we have to memorize. Please make it less.

3. Twenty thousand yen is too much (lit., too expensive). Would you please make it cheaper?

4. If I were the mayor (市長), I would make the town safer.
   し ちょう

5. My colleagues came to my room, and they made my room messy.

(II) What would you want to do if you were the following people? Make sentences, using adjective ＋ する.

Example:　a Japanese teacher

→　日本語の先生だったら、もっと宿題を多くしたいです。
　　に ほん ご　　せんせい　　　　　　　　しゅくだい　おお

1. the president of a company

　→

2. the mayor

　→

3. (make your own sentence)

　→

第21課 7 ～てほしい

▶ Using the verbs from the list, make sentences appropriate for the given situations. The sentences should mean "I want someone to do/not to do . . ."

静かにする しず	安くする やす	気がつく き	間違えない まちが
続ける つづ	ほめる	返す かえ	

Example:　友だちはうるさいです。　→　私は友だちに静かにしてほしいです。
　　　　　とも　　　　　　　　　　　わたし　とも　　　　　しず

1. 私は髪を短くしたけど、主人は何も言いません。
　わたし　かみ　みじか　　　　　　しゅじん　なに　い

　→

2. どろぼうにパソコンを盗まれて困っています。
　　　　　　　　　　　ぬす　　　こま

　→

3. 父は厳しくていつも怒っています。
　ちち　きび　　　　　　　おこ

　→

4. 先生は私をアンナと呼びます。でも、私はアンです。
　せんせい　わたし　　　　　よ　　　　　　わたし

　→

5. 政府は税金を高くしました。
　せいふ　ぜいきん　たか

　→

6. 同僚は仕事をやめたがっています。
　どうりょう　しごと

　→

第21課 8 聞く練習 (Listening Comprehension)
き　　れんしゅう

Ⓐ Listen to the two conversations and fill in the blanks in Japanese. 🔊 W21-A

	男の人の問題 (problems) おとこ　ひと　もんだい	女の人のアドバイス (advice) おんな　ひと
Dialogue 1		
Dialogue 2		

Ⓑ Listen to the dialogue between Masao and his friend. Write three unhappy things that happened to him. 🔊 W21-B

1. まさおさんはルームメートに_____。

2. まさおさんはルームメートに_____。

3. まさおさんは_____ので、

　　先生に_____。
　　せんせい

Ⓒ Listen to the dialogue between the customer and the travel agent, and mark ○ if the statement is true, ✕ if it is not. 🔊 W21-C

＊何泊 (how many nights)　一泊 (one night)
　なんぱく　　　　　　　　　　　いっぱく

1.(　　　) この人は安いホテルを探しています。
　　　　　　ひと　やす　　　　　　さが

2.(　　　) パレスホテルは予約がとれないかもしれません。
　　　　　　　　　　　　　よやく

3.(　　　) この人はホテルバリに泊まります。
　　　　　　ひと　　　　　　　と

4.(　　　) この人は六千円の部屋を予約しました。
　　　　　　ひと　ろくせんえん　へや　よやく

5.(　　　) この人はまだ飛行機の切符を買っていません。
　　　　　　ひと　　　　ひこうき　きっぷ　か

第21課 9 答えましょう

I 日本語で答えてください。

1. 彼／彼女／友だちに何をされたら、悲しくなりますか。

2. 家族やルームメートが寝ている間に何をしますか。

3. 何か盗まれたことがありますか。何を盗まれましたか。

4. 警察に電話をかけたことがありますか。どうしてですか。

5. 魔法 (magic) が使えたら、何をしますか。(Use ～く／にします.)

6. だれに何をしてほしいですか。どうしてですか。

II 日本語で書いてください。
Write about your worst day using passive sentences. You can use your imagination.

Example: 朝、電車の中で女の人に足を踏まれた。女の人は何も言わないで、電車を降りた。大学に着いてから、友だちと話していて、日本語の授業に遅れてしまった。宿題も忘れたので、先生に怒られた。……

第22課　1　Causative Sentences—1

Ⅰ Fill in the chart.

dictionary form	passive form	causative form
Ex. 食べる	食べられる	食べさせる
1. 聞く		
2. 消す		
3. 撮る		
4. 読む		
5. 見る		
6. 呼ぶ		
7. する		
8. 買う		
9. くる		

Ⅱ Translate the following sentences.

1. The department manager made Mr. Yamada work overtime.

2. The department manager made Mr. Yamada drive the car.

3. The professor makes the students do presentations every week.

4. The professor made the students look the word up in a dictionary.

第22課 2 Causative Sentences—2

▶ Using the verbs from the list, make sentences appropriate for the given situations. The sentences should mean "The boss made the subordinate do . . ."

| 捨てる　　手伝う　　着替える　　拾う　　コピーを取る |
| 翻訳する　　迎えに来る　　お茶をいれる |

Example:　いらない物がたくさんありました。

　　　→　部長は部下にいらない物を捨てさせました。

1. よく英語の手紙が来ますが、部長は英語が読めません。

　　→

2. 部長はのどがかわきました。

　　→

3. 部長は自分で書類のコピーを取る時間がありませんでした。

　　→

4. 部長は大きい荷物を持って、空港に着きました。

　　→

5. 仕事が多すぎて、部長は一人で全部できません。

　　→

6. 部下が会社でジーンズをはいていました。

　　→

7. 急いでいたので、部長は書類を落としてしまいました。

　　→

第22課 3 Causative ＋ あげる/くれる

Ⅰ Translate the sentences, using the causative verb ＋ あげる／くれる.

1. When I was a child, my parents did not let me own a dog.

2. My father does not let me live alone.

3. My friend sometimes lets me use his car.

4. When I was in high school, my mother did not let me get a driver's license.

5. When we play tennis, I sometimes let my little sister win.

Ⅱ Using a verb in the list below, write a request sentence in the causative ＋ くだ さい pattern appropriate to each of the situations below. The sentences should mean "Please let me do . . ."

| 考える | 会う | ごちそうする | 電話を使う |
| かんが | あ | | てんわ　つか |

1. 電話をかけなきゃいけませんが、家に忘れてしまいました。友だちが電話を
   てんわ　　　　　　　　　　　　　　　いえ　わす　　　　　　　　　　　とも　　　　　てんわ
   持っています。
   も
   →

2. あなたは彼／彼女にプロポーズされましたが、まだ結婚したくないです。
   かれ　かのじょ　　　　　　　　　　　　　　　　けっこん
   →

3. 友だちとレストランで昼ご飯を食べました。今日は、あなたがお金を払おう
   とも　　　　　　　　　　ひる　はん　た　　　　　きょう　　　　　　　　かね　はら
   と思っています。
   おも
   →

4. 友だちは有名人を知っています。あなたはその有名人が大好きです。
   とも　　ゆうめいじん　し　　　　　　　　　　　　ゆうめいじん　だいす
   →

第22課 4 Verb Stem ＋ なさい

Ⓘ What would parents say in the following situations? Use 〜なさい to complete the dialogues.

1. Parent: _____。

   Child: 私、学校、きらい。今日、休む。
   <ruby>私<rt>わたし</rt></ruby> <ruby>学校<rt>がっこう</rt></ruby> <ruby>今日<rt>きょう</rt></ruby> <ruby>休<rt>やす</rt></ruby>

2. Child: また、にんじん (carrots)？ 私、野菜、きらい。
   <ruby>私<rt>わたし</rt></ruby> <ruby>野菜<rt>やさい</rt></ruby>

   Parent: _____。

3. Parent: _____。

   Child: 宿題、やりたくない。テレビが見たい。
   <ruby>宿題<rt>しゅくだい</rt></ruby> <ruby>見<rt>み</rt></ruby>

4. Parent: _____。

   Child: まだ十一時だよ。まだ眠くない。
   <ruby>十一時<rt>じゅういちじ</rt></ruby> <ruby>眠<rt>ねむ</rt></ruby>

5. Parent: _____。

   Child: まだ九時だよ。日曜日は朝寝坊したい。
   <ruby>九時<rt>くじ</rt></ruby> <ruby>日曜日<rt>にちようび</rt></ruby> <ruby>朝寝坊<rt>あさねぼう</rt></ruby>

6. Child: えっ、この服、着るの？ かっこ悪い (tacky)。
   <ruby>服<rt>ふく</rt></ruby> <ruby>着<rt>き</rt></ruby> <ruby>悪<rt>わる</rt></ruby>

   Parent: _____。

Ⓘⓘ What did your parents tell you to do when you were young? Use 〜なさい to list them.

1.

2.

第22課 5 〜ば

Ⅰ Translate the sentences, using 〜ば.

1. If you go to bed early, you won't be sleepy.

2. If you take a taxi, you will be on time.

3. If we make a reservation in advance, we will be all right.

4. If you work overtime, the project will be finished.

5. If you try (doing it), you may be able to do it.

Ⅱ Complete the dialogues, using 〜ば.

1. A：漢字がぜんぜん覚えられないんです。

   B：＿＿＿＿＿＿＿＿＿＿＿＿＿＿＿＿＿＿＿＿＿＿＿＿＿＿＿。

2. A：かぜをひいてしまいました。

   B：＿＿＿＿＿＿＿＿＿＿＿＿＿＿＿＿＿＿＿＿＿＿＿＿＿＿＿。

Ⅲ Answer the following questions.

1. どうすればいい友だちができますか。

2. どうすれば楽な生活ができますか。

3. どうすればみんなが幸せになりますか。

第22課　6　〜のに

(I) Translate phrases 1 through 5, using 〜のに, and match them up with the appropriate continuations.

1. _____　・
   (though I have a final exam today)

2. _____　・
   (though I practiced every day)

3. _____　・
   (though I gave that person a present)

4. _____　・
   (though they are brothers)

5. _____　・
   (though that person is not busy)

・a. 手伝ってくれません。
　　てつだ

・b. 勉強しませんでした。
　　べんきょう

・c. 仲がよくないです。
　　なか

・d. 負けてしまいました。
　　ま

・e.「ありがとう」と
　　言いませんでした。
　　い

(II) Complete the following sentences.

1. 彼は免許を持っていないのに_____ので、
   かれ　めんきょ　も
   警察に捕まりました。
   けいさつ　つか

2. 彼女はよく授業をサボるのに、_____。
   かのじょ　　じゅぎょう

3. _____のに、彼は文句を言いません。
   　　　　　　　　　　　　　　　　　　　　かれ　もんく　い

4. _____のに、ふられてしまいました。

第22課 7 〜のような/〜のように

Ⅰ Complete the sentences, using 〜のような.

1. 私は_____映画が好きです。
   わたし　　　　　　　　　　　　　　　　　　　　　　　　　えいが　す

2. 私は_____ところに住みたくないです。
   わたし　　　　　　　　　　　　　　　　　　　　　　　　　　　　す

3. 私は_____大きい会社に就職したいです。
   わたし　　　　　　　　　　　　　　　　　　　　　　おお　　かいしゃ　しゅうしょく

Ⅱ Complete the sentences, using 〜のように.

1. 私は_____有名になりたいです。
   わたし　　　　　　　　　　　　　　　　　　　　　　　　ゆうめい

2. スーさんは_____歌が歌えます。
   　　　　　　　　　　　　　　　　　　　　　　　　　　　　うた　うた

3. 私のおじいさんは_____元気です。
   わたし　　　　　　　　　　　　　　　　　　　　　　　　　　　げんき

Ⅲ Translate the sentences, using 〜のような／〜のように.

1. I want to be a person like my grandfather.

2. The movie theater was crowded, just like a packed train (満員電車).
   　　　　　　　　　　　　　　　　　　　　　　　　　　　　まんいんでんしゃ

3. When she got lost, she cried like a baby.

4. I like summerlike hot days.

5. Mary and Takeshi are always together, like a married couple.

6. I have never met a lazy person like you.

第22課 8 聞く練習 (Listening Comprehension)
（き）（れんしゅう）

Ⓐ A married couple has just had a baby girl. They are talking about what they want her to do in the future. Go over the list and write A for the ones only the husband wants, write B for the ones only the wife wants, and write C for the ones they both agree on. 🔊 W22-A　　　　　　＊この子 (this child)
（こ）

1. (　　　) 英語を習う　　4. (　　　) ピアノを習う　　　7. (　　　) 結婚する
　　　　　（えいご）（なら）　　　　　　　　　（なら）　　　　　　　　　　　　（けっこん）

2. (　　　) 空手を習う　　5. (　　　) バイオリンを習う
　　　　　（からて）（なら）　　　　　　　　　　（なら）

3. (　　　) テニスを習う　6. (　　　) 留学する
　　　　　　　　（なら）　　　　　　　　（りゅうがく）

Ⓑ Listen to the dialogue between two high school students, Keiko and Megumi. Mark ◯ for what Keiko is allowed to do now or what she will probably be allowed to do when she is in college. 🔊 W22-B

	今	大学生になったら
友だちと旅行する		
アルバイトをする		
一人暮らしをする	—	

Ⓒ Ms. Watanabe is a tour conductor. Her tour group is now in a foreign country and has just arrived at a hotel. Listen to the conversation between her and the tour participants and answer the questions in Japanese. 🔊 W22-C

＊日本語しか話せない (can speak only Japanese)
（にほんご）（はな）

1. (About the first person)

　どこに行きますか。どうやって行きますか。
　　　（い）　　　　　　　　　（い）

2. (About the second person)

　何をほしがっていますか。どこに行きますか。
　（なに）　　　　　　　　　　　　　（い）

3. (About the third person)

　どこに行きますか。どうしてですか。
　　　（い）

第22課　9　答えましょう

Ⅰ 日本語で答えてください。

1. 親になったら、子供に何を習わせたいですか。どうしてですか。

2. どうすれば、いい成績が取れると思いますか。あなたはそれをしていますか。

3. どんな人になりたいですか。どうしてですか。 (Use 〜のような.)

4. 高校の時、あなたの両親はあなたに何をさせてくれましたか。何をさせてくれませんでしたか。

Ⅱ 日本語で書いてください。

Write about your childhood; what teachers/parents made/let you do, what you were learning, how you spent your free time, etc.

Example:　小学校の時、先生は一週間に一回、読んだ本のレポートを書かせました。家では、母はいつも私に「早く宿題をしなさい」と言いました。でも宿題が終わったら、ゲームを三十分させてくれました。……

第23課 1 Verb Conjugation (Causative-passive)

Ⅰ Fill in the chart.

dictionary form	causative form	causative-passive form
Ex. 食た べる	食た べさせる	食た べさせられる
1. 開あ ける		
2. 待ま つ		
3. 歌うた う		
4. 話はな す		
5. 書か く		
6. 入い れる		
7. 飲の む		
8. 訳やく す		
9. 作つく る		
10. する		
11. くる		
12. 受う ける		

Ⅱ Describe the pictures with the causative-passive form.

Ex. 毎日勉強する
まいにちべんきょう

1. アイロンをかける

2. ボールを拾う
ひろ

3. コピーを取る
と

Example:　たろうさんは親に毎日勉強させられます。
おや　まいにちべんきょう

1.

2.

3.

第23課 2 Causative-passive Sentences

Ⓘ You were forced to do the things below. Rewrite the sentences, using the causative and the causative-passive forms.

Example: 私はきらいな食べ物を食べました。
→ 母は私にきらいな食べ物を<u>食べさせました</u>。 (causative)
→ 私は母にきらいな食べ物を<u>食べさせられました</u>。

(causative-passive)

1. 私は宿題を手伝いました。

→ 弟は_____。

私は_____。

2. 私はペットの世話をしました。

→ 親は_____。

私は_____。

3. 私は皿を洗いました。

→ 親は_____。

私は_____。

Ⅱ Answer the following questions.

1. 子供の時、あなたは親に何をさせられましたか。

2. 高校の時、あなたは先生に何をさせられましたか。

3. 最近、だれに何をさせられましたか。

第23課 3 Passive and Causative-passive

▶Write the sentences, using passive or causative-passive sentences.

Examples: A thief stole my camera.

→　私はどろぼうにカメラを盗まれました。

My mother made me wash dishes.

→　私は母に皿を洗わされました。

1. My friend laughed at me.

　→

2. My friend forced me to quit smoking.

　→

3. My parents made me give up travel.

　→

4. My friend talked behind my back when I was a child.

　→

5. My mother forced me to brush my teeth three times a day when I was a child.

　→

6. My friend made me wait for one hour at the station.

　→

7. The customer complained to me.

　→

8. A mosquito stung me.

　→

第23課 4 〜ても

Ⅰ Translate the sentences, using 〜ても／でも.

1. I will not go out, even if it stops raining.

2. My friend says nothing, even if I don't keep a promise.

3. I don't complain, even if the class is boring.

4. You will not be on time, even if you run.

5. You had better be careful, even if that place is safe.

Ⅱ Complete the following sentences.

1. _____ も、泣（な）きません。

2. _____ も、我慢（がまん）します。

3. いい成績（せいせき）が取（と）れなくても、_____ 。

4. _____ に反対（はんたい）されても、_____ 。

5. _____ がまずくても、_____ 。

第23課 5 ～ことにする

Ⅰ Translate the following sentences.

1. Michiko has decided to take the examination next year.

2. Ken has decided not to get a job this year.

3. Since the deadline for the paper is tomorrow, John has decided to stay up all night.

4. Kyoko has decided to study abroad after she graduates from college.

5. Since I might become sick, I have decided to buy insurance.

Ⅱ Complete the sentences, using ～ことにしました.

1. ボーナスをもらったから、_____。

2. かぜをひいたので、_____。

3. 雨がやんだので、_____。

4. 優勝したいから、_____。

5. 日本語が上手になりたいので、_____。

第23課 6 〜ことにしている

Ⓘ The following are what Sue makes a habit/policy of doing. Express them with 〜ことにしています.

1. run every day

   → スーさんは

2. not go to unsafe places

   → スーさんは

3. brush her teeth three times a day

   → スーさんは

4. not talk behind someone's back

   → スーさんは

5. call her parents once a week

   → スーさんは

6. not be absent from the class, even if she is sick

   → スーさんは

7. not get angry, even if her younger brother tells her a lie

   → スーさんは

Ⓘ Answer the following questions.

1. 毎日何をすることにしていますか。
   まいにちなに

2. 何をしないことにしていますか。どうしてですか。
   なに

第23課 7 ～まで

(I) Translate the following sentences.

1. I will not travel till I save money.

2. Could you wait (for me) till my homework is finished?

3. You must not drink until you become 20 years old.

4. You may stay at my house till you find an apartment.

5. Mr. Tanaka didn't drink beer till he won the election.

6. I had to wait till the rain stopped.

(II) Answer the questions, using a verb ＋ まで.

1. いつまで日本語の勉強を続けるつもりですか。

2. いつまで親と住むつもりですか／住んでいましたか。

3. いつまで今の町にいるつもりですか。

第23課 8 〜方
_{かた}

（I）Translate the following sentences.

1. I don't know how to use honorific language.

2. Do you know how to make a flight reservation?

3. I want to know how to make green tea.

4. Could you teach me how to swim?

（II）Complete the following dialogues.

1. A：すみません。単語の覚え方を教えてくれませんか。
_{たんご　　おぼ　かた　おし}

　　B：_____

　　_____。

2. A：すみません。_____を教えてくれませんか。
_{おし}

　　B：_____

　　_____。

第23課 9 聞く練習 (Listening Comprehension)
き　れんしゅう

Ⓐ Two people are talking with their colleagues. Mark ○ for what Mr. Yamada (Dialogue 1) and Noriko (Dialogue 2) are made to do. 🔊 W23-A

＊ジョギング (jogging)　ふく (wipe)

Dialogue 1:　山田
　　　　　　やまだ

a. (　　　) ジョギングをする　　　d. (　　　) 奥さんを店に車で送る
　　　　　　　　　　　　　　　　　　　　　　おく　　みせ　くるま　おく

b. (　　　) 買い物をする　　　　　　e. (　　　) 奥さんの買い物が終わるまで待つ
　　　　　　か　もの　　　　　　　　　　　　　おく　　か　もの　お　　　　ま

c. (　　　) 奥さんを起こす　　　　　f. (　　　) 奥さんにプレゼントを買う
　　　　　　おく　　お　　　　　　　　　　　　おく　　　　　　　　　　か

Dialogue 2:　のりこ

a. (　　　) コーヒーをいれる　　　　d. (　　　) お弁当を買いに行く
　　　　　　　　　　　　　　　　　　　　　　べんとう　か　い

b. (　　　) 新聞を買いに行く　　　　e. (　　　) コピーを取る
　　　　　　しんぶん　か　い　　　　　　　　　　　　　　　と

c. (　　　) お弁当を作る　　　　　　f. (　　　) つくえをふく
　　　　　　べんとう　つく

Ⓑ Listen to the dialogues and mark ○ if the statement is true, × if it is not. 🔊 W23-B

Dialogue 1:

a. (　　　) 花子は別れたがっている。
　　　　　　はなこ　わか

b. (　　　) 太郎は花子といっしょにイギリスに行く。
　　　　　　たろう　はなこ　　　　　　　　　　い

Dialogue 2:

a. (　　　) 男の人は、今の会社でやりたい仕事ができない。
　　　　　　おとこ　ひと　いま　かいしゃ　　　　しごと

b. (　　　) 男の人は、写真の学校に入れるまでアルバイトをする。
　　　　　　おとこ　ひと　しゃしん　がっこう　はい

Ⓒ Takako helps international students at the office. Listen to the two dialogues and fill in the chart in Japanese. 🔊 W23-C

＊カード (card)

	学生の知りたいこと がくせい　し	たかこさんのアドバイス
Dialogue 1		
Dialogue 2		

第23課 10 答えましょう

Ⅰ 日本語で答えてください。

1. 最近、だれに何をさせられましたか。

2. あなたのモットー (motto) は何ですか。三つ書いてください。

(Use 〜ても and 〜することにしている.)

Example:　天気が悪くても、学校を休まないことにしています。

(1)

(2)

(3)

3. どんな人に我慢できませんか。

4. 最近がっかりしたことがありますか。どうしてがっかりしましたか。

5. どうやって漢字を覚えますか。あなたの覚え方を教えてください。

Ⅱ 日本語のクラスでどんな思い出がありますか。（先生に何をさせられましたか。何をしてよかったですか。何をすればよかったですか。）

読み書き編
<ruby>よ<rt>よ</rt></ruby><ruby>か<rt>か</rt></ruby><ruby>へん<rt>へん</rt></ruby>

Reading and Writing Section

第13課 1 Kanji Practice

146 物	物	物	物						
147 鳥	鳥	鳥	鳥						
148 料	料	料	料						
149 理	理	理	理						
150 特	特	特	特						
151 安	安	安	安						
152 飯	飯	飯	飯						
153 肉	肉	肉	肉						
154 悪	悪	悪	悪						
155 体	体	体	体						
156 空	空	空	空						
157 港	港	港	港						
158 着	着	着	着						
159 同	同	同	同						
160 海	海	海	海						
161 昼	昼	昼	昼						

第13課 2 Using Kanji

▶ Rewrite the *hiragana* with an appropriate mix of kanji and *hiragana*. Rewrite the kanji with *hiragana*.

1. 私の＿＿＿＿＿で、日本の＿＿＿＿＿と＿＿＿＿＿は高いです。
　　　　　国　　　　　　　　たべもの　　　のみもの

2. 私は＿＿＿＿＿ ＿＿＿の＿＿＿が好きです。
　　　　　とくに　　とり　　にく

3. ＿＿＿に＿＿＿＿＿に＿＿＿＿＿＿＿。
　　ひる　　くうこう　　　　つきました

4. ＿＿＿＿＿は＿＿＿＿＿、＿＿＿＿ ＿＿＿を食べています。
　　あさごはん　　　毎日　　　おなじ　もの

5. ＿＿＿＿＿＿＿の＿＿＿、よく＿＿＿に行きました。
　　　高校生　　　　　時　　　　うみ

6. ＿＿＿＿＿ ＿＿＿＿＿が＿＿＿なります。
　　時々　　　　気分　　わるく

7. お母さんは、＿＿＿＿＿は＿＿＿＿＿、＿＿＿にいいと言います。
　　　　　　ごはん　　　やすくて　　からだ

8. ＿＿＿＿＿＿＿に＿＿＿＿＿＿の経験でした。
　　　一生　　　　　　一度　　　けいけん

9. ＿＿＿＿＿の後、＿＿＿＿＿をして、＿＿＿＿＿を食べました。
　　かいもの　　　　りょうり　　　　ひるごはん

10. この部屋は＿＿＿＿＿が＿＿＿＿＿ので、窓を開けましょう。
　　　へや　　くうき　　わるい　　　まど　あ

11. 日本で＿＿＿＿＿を＿＿＿＿＿みたいです。
　　　　きもの　　　きて

第14課 1 Kanji Practice

162	彼	彼	彼	彼						
163	代	代	代	代						
164	留	留	留	留						
165	族	族	族	族						
166	親	親	親	親						
167	切	切	切	切						
168	英	英	英	英						
169	店	店	店	店						
170	去	去	去	去						
171	急	急	急	急						
172	乗	乗	乗	乗						
173	当	当	当	当						
174	音	音	音	音						
175	楽	楽	楽	楽						
176	医	医	医	医						
177	者	者	者	者						

第14課 2 Using Kanji

▶ Rewrite the *hiragana* with an appropriate mix of kanji and *hiragana*. Rewrite the kanji with *hiragana*.

1. 私の_____はとても_____です。二歳_____です。
　　　　かれ　　　　　　　　しんせつ　　　　さい　　　　　年上

2. _____、_____するので、_____は
　　　　　二か月後　　　　　　りゅうがく　　　　　　　　かぞく

心配しています。
しんぱい

3. その_____の人は_____が_____でした。
　　　　　みせ　　　　　　えいご　　　　　　上手

4. _____ _____になって_____に行きました。
　　　きゅうに　　　びょうき　　　　　　　　いしゃ

5. _____は_____ _____です。
　　　きょねん　　　　ほんとうに　　　　　たのしかった

6. _____から_____まで飛行機に_____。
　　とうきょう　　　　　　　北海道　　　　　ひこうき　　　　　のりました

7. _____は_____で、専攻は_____です。
　　かのじょ　　　　りゅうがくせい　　せんこう　　おんがく

8. 大学_____の友だちに_____会っていません。
　　　　じだい　　　　　　　　　三年間

9. _____の後、_____をして、_____帰ります。
　　　しごと　　　　　　かいもの　　　　　　いそいで

10. 子どもの時、_____が髪を_____くれました。
　　　　　　　ちちおや　　かみ　　きって

第15課 1 Kanji Practice

178 死	死	死	死					
179 意	意	意	意					
180 味	味	味	味					
181 注	注	注	注					
182 夏	夏	夏	夏					
183 魚	魚	魚	魚					
184 寺	寺	寺	寺					
185 広	広	広	広					
186 転	転	転	転					
187 借	借	借	借					
188 走	走	走	走					
189 建	建	建	建					
190 地	地	地	地					
191 場	場	場	場					
192 足	足	足	足					
193 通	通	通	通					

第15課 2 Using Kanji

▶ Rewrite the *hiragana* with an appropriate mix of kanji and *hiragana*. Rewrite the kanji with *hiragana*.

1. _____ に、友だちに _____ を _____。
　　　なつやすみ　　　　　　　　　　じてんしゃ　　　　　　　　かりました

2. 毎日、駅の _____ の _____ を _____。
　　　　　えき　　　　　ちか　　　　　　ひろば　　　　　とおります

3. _____ の中で _____ はいけません。
　　　たてもの　　　　　　　　はしって

4. この漢字の _____ を教えてください。
　　　　かん　じ　　　　いみ　　　　　おし

5. 私は毎年、_____ にその _____ に行きます。
　　　　　　　　なつ　　　　　　おてら

6. _____ には _____ がありません。
　　さかな　　　あし

7. 原爆で _____ の人が _____。
　　げんばく　　　　　二十万人　　　　　　　　　　　しにました

8. この道は _____ ですが、車に _____ してください。
　　　　　ひろい　　　　　　　　　ちゅうい

9. 彼は 1978 年にこの _____ で _____。
　　　　　　　　　　　町　　　　　生まれました

_____ に _____ _____ があります。
　ちかく　　　　　　　有名な　　　　　　じんじゃ

10. その島は _____ 暖かいので、_____ があります。
　　　　しま　　　　　一年中　　　　あたた　　　　　　　　人気

11. _____ がありませんが、生活を _____ います。
　　　お金　　　　　　　　　　　　　せいかつ　　　楽しんで

第16課 1 Kanji Practice

194	供	供	供	供						
195	世	世	世	世						
196	界	界	界	界						
197	全	全	全	全						
198	部	部	部	部						
199	始	始	始	始						
200	週	週	週	週						
201	以	以	以	以						
202	考	考	考	考						
203	開	開	開	開						
204	屋	屋	屋	屋						
205	方	方	方	方						
206	運	運	運	運						
207	動	動	動	動						
208	教	教	教	教						
209	室	室	室	室						

第16課 2 Using Kanji

▶ Rewrite the *hiragana* with an appropriate mix of kanji and *hiragana*. Rewrite the kanji with *hiragana*.

1. _____ は私たちの _____ です。
　　　せかい　　　　　　　　きょうしつ

2. その _____ は、よく _____ 、よく _____ 。
　　　　　こども　　　　　　　うんどうして　　　　　　　たべます

3. _____ 、_____ で _____ ください。
　　　ぜんぶ　　　　じぶん　　　かんがえて

4. うちでは私 _____ 、_____ その番組を見ています。
　　　　　　　いがい　　　　まいしゅう　　ばんぐみ

5. _____ の窓を _____ 、_____ を見ます。
　　　へや　　　まど　　　あけて　　　　空

6. あの先生は _____ の _____ です。
　　　　　　小学生　　　　　みかた

7. 授業が _____ 前に宿題を _____ ください。
　じゅぎょう　はじまる　　しゅくだい　　出して

8. この _____ で、_____ を _____ 。
　　　場所　　　　　ほんや　　　　はじめます

9. _____ _____ 、父に _____ を _____
　　せんしゅう　いっしゅうかん　　　うんてん　　　おしえて

もらいました。

第17課 1 Kanji Practice

210 歳	歳	歳	歳						
211 習	習	習	習						
212 主	主	主	主						
213 結	結	結	結						
214 婚	婚	婚	婚						
215 集	集	集	集						
216 発	発	発	発						
217 表	表	表	表						
218 品	品	品	品						
219 字	字	字	字						
220 活	活	活	活						
221 写	写	写	写						
222 真	真	真	真						
223 歩	歩	歩	歩						
224 野	野	野	野						

第17課 2 Using Kanji

▶ Rewrite the *hiragana* with an appropriate mix of kanji and *hiragana*. Rewrite the kanji with *hiragana*.

1. ＿＿＿＿＿＿＿＿は＿＿＿＿＿＿を＿＿＿＿＿＿＿＿＿＿＿＿＿。
　　　二人　　　　　　けっこん　　　　　　はっぴょうしました

2. きれいな＿＿＿＿＿＿を＿＿＿＿＿＿＿＿います。
　　　　　　しゃしん　　　　あつめて

3. ＿＿＿＿＿＿さんの＿＿＿＿＿＿＿＿は＿＿＿＿＿＿＿です。
　　　おの　　　　　　ごしゅじん　　　　さんじゅっさい

4. ＿＿＿＿＿＿＿＿日本語を＿＿＿＿＿＿＿＿＿＿＿。
　　　悪い　　　　　　　　　ならいました

5. ＿＿＿＿＿＿をたくさん＿＿＿＿＿＿＿＿＿＿＿＿。
　　さくひん　　　　　　　　作りました

6. あの人は、＿＿＿＿＿＿＿＿＿＿＿＿＿＿＿に、＿＿＿＿＿＿音楽の
　　　　　　　　　　八十年代　　　　　　　　　おもに

　＿＿＿＿＿＿で＿＿＿＿＿しました。
　　ぶんや　　　　かつどう

7. この＿＿＿＿＿を＿＿＿＿＿＿＿書いて覚えてください。
　　　　もじ　　　　　何度も　　　　　　　　おぼ

8. 家に＿＿＿＿＿＿＿ ＿＿＿＿＿＿＿＿＿。
　　　　あるいて　　　　かえりました

9. 彼は＿＿＿＿＿＿＿、＿＿＿＿＿で＿＿＿＿＿しました。
　　　　その後　　　　　ながの　　　せいかつ

10. 友だちの宿題を＿＿＿＿＿＿のはよくないです。
　　　　しゅくだい　　　うつす

第18課 1 Kanji Practice

225	目	目	目	目					
226	的	的	的	的					
227	力	力	力	力					
228	洋	洋	洋	洋					
229	服	服	服	服					
230	堂	堂	堂	堂					
231	授	授	授	授					
232	業	業	業	業					
233	試	試	試	試					
234	験	験	験	験					
235	貸	貸	貸	貸					
236	図	図	図	図					
237	館	館	館	館					
238	終	終	終	終					
239	宿	宿	宿	宿					
240	題	題	題	題					

第18課 2 Using Kanji

▶ Rewrite the *hiragana* with an appropriate mix of kanji and *hiragana*. Rewrite the kanji with *hiragana*.

1. _____で食べてから、_____に行きます。
　　　しょくどう　　　　　　　　　えいがかん

2. この_____の_____は何ですか。
　　　じゅぎょう　　もくてき

3. その_____を_____ください。
　　　ようふく　　　　　かして

4. _____、_____が_____。
　　　　来週　　　　　　　しけん　　　　　おわります

5. _____、_____を払わなければいけません。
　　　　毎月　　　　　　　電気代　　　　はら

6. 私の_____友だちは、_____がとても上手です。
　　　　親しい　　　　　　　　　空手

7. その_____と_____は
　　　　男子学生　　　　　　　　　女子学生

　_____で_____をしていました。
　　としょかん　　　しゅくだい

8. 一週間に_____ _____、_____をしています。
　　　　三日　　　　　以上　　　　ちからしごと

9. _____にコンタクトを_____から、_____を着ました。
　　め　　　　　　　　　入れて　　　　　ふく

10. _____で_____をもらいました。
　　　りょかん　　　ちず

第19課 1 Kanji Practice

241	春	春	春	春						
242	秋	秋	秋	秋						
243	冬	冬	冬	冬						
244	花	花	花	花						
245	様	様	様	様						
246	不	不	不	不						
247	姉	姉	姉	姉						
248	兄	兄	兄	兄						
249	漢	漢	漢	漢						
250	卒	卒	卒	卒						
251	工	工	工	工						
252	研	研	研	研						
253	究	究	究	究						
254	質	質	質	質						
255	問	問	問	問						
256	多	多	多	多						

　　　　クラス _____　　　なまえ _____

第19課 2 Using Kanji

▶ Rewrite the *hiragana* with an appropriate mix of kanji and *hiragana*. Rewrite the kanji with *hiragana*.

1. _____と_____によろしくお伝_{った}えください。
　　　おにいさん　　　　　おねえさん

2. _____より_____のほうが好きです。
　　はる　　　あき

3. _____は_____の歴史_{れきし}を_____います。
　　あね　　　かんじ　　　　　　　　けんきゅうして

4. _____は_____があまり咲_さきません。
　　ふゆ　　　はな

5. _____では名前の後ろに「_____」と書きます。
　　　てがみ　　　　　　　　　　さま

6. _____が_____、_____です。
　　しつもん　　　　おおくて　　　　ふあん

7. 大学で_____を勉強しています。_____、_____。
　　　　こうがく　　　　　　　　　　らいねん　　そつぎょうします

8. 時々、日本の_____を_____。
　　　　　　　友人　　　　　　　　思い出します

9. 彼は_____な友だちです。とても_____になりました。
　　　　大切　　　　　　　　　　　　お世話

10. _____が東京の_____に入ったので、
　　あに　　　　　大学院

　_____に遊_{あそ}びに行きます。
　　ふゆやすみ

第20課　1 Kanji Practice

257 皿	皿	皿	皿					
258 声	声	声	声					
259 茶	茶	茶	茶					
260 止	止	止	止					
261 枚	枚	枚	枚					
262 両	両	両	両					
263 無	無	無	無					
264 払	払	払	払					
265 心	心	心	心					
266 笑	笑	笑	笑					
267 絶	絶	絶	絶					
268 対	対	対	対					
269 痛	痛	痛	痛					
270 最	最	最	最					
271 続	続	続	続					

第20課 2 Using Kanji

▶ Rewrite the *hiragana* with an appropriate mix of kanji and *hiragana*. Rewrite the kanji with *hiragana*.

1. _____の中で_____いましたが、話を_____。
   こころ　　　　　　　わらって　　　　　　　　　　　　　　つづけました

2. _____で食べる時は、たいてい_____が_____くれます。
   外　　　　　　　　　　　　　　りょうしん　　　はらって

3. その_____は一_____三_____でした。
   さら　　　　まい　　りょう

4. 日本語で説明したかったんですが、_____でした。
   　　　　　　せつめい　　　　　　　　　　　　　　むり

5. _____に_____、_____をしました。
   ちゃみせ　　　　　　はいって　　　　　　　　話

6. _____に_____ください。
   ぜったい　　　　　　とまらないで

7. _____、のどが_____、_____が出ません。
   さいきん　　　　　　　　　いたくて　　　　こえ

8. この_____はまずいし、安くないし、_____です。
   おちゃ　　　　　　　　　　　　　　　さいあく

9. _____におみやげを_____。
   かぞく　　　　　　　　　　　　　かいました

第21課 1 Kanji Practice

272 信	信	信	信					
273 経	経	経	経					
274 台	台	台	台					
275 風	風	風	風					
276 犬	犬	犬	犬					
277 重	重	重	重					
278 初	初	初	初					
279 若	若	若	若					
280 送	送	送	送					
281 幸	幸	幸	幸					
282 計	計	計	計					
283 遅	遅	遅	遅					
284 配	配	配	配					
285 弟	弟	弟	弟					
286 妹	妹	妹	妹					

第21課 2 Using Kanji

▶ Rewrite the *hiragana* with an appropriate mix of kanji and *hiragana*. Rewrite the kanji with *hiragana*.

1. 今年_____、_____が来ました。
　　　　　はじめて　　　　　　たいふう

2. _____に_____の_____を_____。
　　きょうだい　　　いぬ　　　しゃしん　　　　　おくりました

3. _____になれると_____います。
　　しあわせ　　　　　　　　　しんじて

4. この_____は十分_____います。
　　　　とけい　　　　　　　　おくれて

5. 私の_____はまだ_____です。
　　　　　親　　　　　　　　わかい

6. _____が_____ _____で_____しました。
　おとうと　　　おもい　　　　病気　　　　　　　　入院

7. _____はパソコンを_____も持っています。
　いもうと　　　　　　　さんだい

8. _____が_____ので、おなががすいていません。
　　　　食事　　　　　　　おそかった

9. 毎日同じ電車で_____いますが、きのうは
　　　　　　　　　　通って

_____しまいました。
　　のりおくれて

10. _____は_____でしたが、いい_____ができました。
　　はじめ　　　　しんぱい　　　　　　　　けいけん

第22課 1 Kanji Practice

287 記	記	記	記						
288 銀	銀	銀	銀						
289 回	回	回	回						
290 夕	夕	夕	夕						
291 黒	黒	黒	黒						
292 用	用	用	用						
293 守	守	守	守						
294 末	末	末	末						
295 待	待	待	待						
296 残	残	残	残						
297 番	番	番	番						
298 駅	駅	駅	駅						
299 説	説	説	説						
300 案	案	案	案						
301 内	内	内	内						
302 忘	忘	忘	忘						

第22課 2 Using Kanji

▶ Rewrite the *hiragana* with an appropriate mix of kanji and *hiragana*. Rewrite the kanji with *hiragana*.

1. _____さんがトイレまで、_____くれました。
　　　えきいん　　　　　　　　　　　　　あんないして

2. _____コートを着て、_____で_____います。
　　　くろい　　　　　　　　　とうきょうえき　　　　まって

3. _____さんの_____好きな_____は何ですか。
　　　くろき　　　　　　いちばん　　　　しょうせつ

4. _____ _____、すぐわかってくれました。
　　　いっかい　　　せつめいしたら

5. 母は_____があったので、私が_____食事を作りました。
　　　　ようじ　　　　　　　　　　　　　代わりに

6. 今日も_____に行くのを_____しまいました。
　　　　ぎんこう　　　　　　　　わすれて

7. _____、_____を書きませんでした。
　　　二日間　　　　　　　にっき

8. _____、_____を買って、_____に送って
　しゅうまつ　　　おまもり　　　　　　　　　　親友

あげました。

9. 「_____で遅くなる」と_____に伝言を
　　ざんぎょう　　　　　　　　　るすばんでんわ　　　　　てんごん

_____。
　のこしました

10. _____、友だちのアパートに行きましたが、_____でした。
　　　ゆうがた　　　　　　　　　　　　　　　　　　　るす

第23課 1 Kanji Practice

303	顔	顔	顔	顔					
304	情	情	情	情					
305	怒	怒	怒	怒					
306	変	変	変	変					
307	相	相	相	相					
308	横	横	横	横					
309	比	比	比	比					
310	化	化	化	化					
311	違	違	違	違					
312	悲	悲	悲	悲					
313	調	調	調	調					
314	査	査	査	査					
315	果	果	果	果					
316	感	感	感	感					
317	答	答	答	答					

第23課 2 Using Kanji

▶ Rewrite the *hiragana* with an appropriate mix of kanji and *hiragana*. Rewrite the kanji with *hiragana*.

1. _____ は_____ を_____ ことができます。
　　　　人間　　　　　　かんじょう　　　　　　表す

2. 彼は_____ な_____ をして、_____。
　　　　かなしそう　　　　かお　　　　　　　こたえました

3. _____ がその_____ はちょっと_____ と思いました。
　　　　全員　　　　　　　けっか　　　　　　　　へんだ

4. _____ が_____。
　　こたえ　　　ちがいます

5. もう一度_____ から_____ ください。
　　　　　　　　最初　　　　　　　しらべて

6. ほかの国の_____ や_____ を_____ みましょう。
　　　　　　社会　　　　　　ぶんか　　　　くらべて

7. _____ の_____ をよく見たほうがいいです。
　　あいて　　　ひょうじょう

8. その人は私の_____ で_____ 泣いていました。
　　　　　よこ　　　　かんどうして　　　　　な

9. 名前を_____、_____。
　　　　まちがえて　　　　　　　おこられました

10. 彼女は_____ を大きく開けて_____。
　　　　　口　　　　　　　　　わらいます

11. _____ まで_____ を続けるのは_____。
　　　　最後　　　　　　ちょうさ　　　　　　　たいへんでした